常識力

人生をたくましく、
しなやかに生きるための知恵

はじめに

常識力と常識はどう違うのでしょうか。

常識とは、知識です。学校で学んだことや書籍、メディアなどの媒体から吸収することのできるものであり、万人がその努力によって得ることができるものです。

よく、「あいつは常識のない奴だ」などと言ったりしますが、それは例えば、挨拶がきちんとできなかったり、TPO（時間、場所、場合）を考えない服装や行動をしたり、今風に言えば「KY（空気読めない）」であったりする人のことをそう呼んだりします。

しかし、挨拶やTPOなどは人に教えられたり、本を読んだりすれば身に付くことです。ですから、常識は誰でも身に付けようと思えば、身に付けられるものだと思います。

これに対し、常識力とは、さまざまな状況に応じてWin-Winの結果を見いだせる能力、あえて言えば、究極のバランス感覚とでもいうべきものです。その土台は、常識に加えて、数々の経験とそれに裏づけられたセンスです。

例えば、対人関係を考えてみましょう。

初めて会ったときの印象と何回も会った後での同じ人への印象が変わってくることって、よくありますよね。

もちろん、初めて会ったときの印象で、すぐに自分と合うかどうかを判断できることもあります。でも、それは見た目や話し方など表面的な部分でしかありません。

ただ、初めて会ったときに「この人は合わない」とか「この人は自分の嫌いな類の人だ」などと感じてしまうと、それを修正するのは並大抵ではないことも確かですから、第一印象はとても大切です。

ところが、これから何年も付き合わなければならない人や、大きな取引をしたり一緒にチームを組んだりしなくてはならない人が相手だとしたら、第一印象だけで決めることはありません。お互いの人間性を理解したり、性格を判断したりします。

そこで、相手の人間と自分がうまくやっていけると思ったとき、初めてパートナーとして見ることができるわけです。

では、自分とうまくやっていけると思う、その判断基準は何なのでしょうか？

それは一言でいえば「適性」なのだと思いますが、世の中には「この人とパートナーになってみたい」とたくさんの人から思われる人とそうでない人がいます。この「パートナーになってみたい」と思われる人こそが、常識力を備えた人なのです。

その内容については、本書の中で詳しく説明しますが、この常識力は、人間関係、ビジネス、労使関係だけでなく、政治、マスコミなど、あらゆる分野の人たちに求められているのです。

残念なことに現代社会の中で、この「常識力」に欠けた人たちがいかに多いことか。かく言う私も、これに気付くまでにかなりの年月を費やしたのですが。

私は、日米欧の投資銀行や証券会社において様々な国のいろいろな人種の人たちと一緒に仕事をしてきました。そこで得た経験や上場企業のCEOとして顧客関係、労使関係をマネージした経験を通して、常識力がいかに人間関係の構築に大切な要素であるかを学びました。

また、常識力はビジネスの世界だけでなく、友人、家族など自分を取り巻く人間関係を友好的に継続していくために、もっとも重要な要素の一つであることも学びました。

本書では私の生い立ちや学生時代の経験、社会人としての経験、とくに外資系投資銀行での経験を中心に「常識力」とは何か、「常識力」が社会生活を営む上でいかに重要かについて述べさせていただきます。

また、私の経験だけでなく、現在の政治、行政、マスコミのあり方について、「常識力」という観点からの考察も併せて書いてみました。

人間がその人生をたくましくも、しなやかに生きる知恵として、「常識力」とは何かを皆さんに理解していただければ本望です。

著者

目次

はじめに

第一章　―常識力とは―

第二章　―常識力があれば会社は経営できる―

第1章

常識力とは

常識力とは

人間関係や経済の仕組みを解くカギ

人間には、いわゆる気の合う人と、気の合わない人がいます。

この違いは、どこから来るのでしょうか。

おそらく、それはお互いの距離感ではないかと思います。自分の世界に必要以上に入り込んでくる相手は、好きになれないし、かといってあまり自分に関心を持ってくれない人とも仲良くはなれません。

学生時代なら、好きな相手とだけ付き合っていれば事足りたかもしれませんが、こと社会人となるとそうはいきません。

上司、部下、顧客だけでなく個人的にも家族や親せき、ご近所の方々、子供の学校の父兄など、好き嫌いを問わず付き合っていかなくては社会人として生きていくことはできません。その中で、最も気の合う人とは、自分と距離感がマッチしている人だと言えるでしょう。

必要以上に自分の世界に入ってこないけれども、相談ごとをすると自分をよくわかってくれる人。逆に、適度に自分をさらけ出して、いつの間にか他人に自分を理解させることのできる人。例えば、暇なときに一緒に飲みに行きたい人、一緒にゴルフをすると気分がよくなる人など、人は皆、コミュニケーションをとっていると楽しい誰かがいるはずです。

その人との関係が、なぜ他の人と違って、いわゆる気の合う人になっているか考えてみてください。

それはお互いの距離感がマッチしているはずです。これは誰しも感覚的に、また自分の潜在的な部分で感じとっているわけです。こうした距離感を自分でコントロールし、付き合う相手によって、瞬時に相手との適切な距離感を感じ取ることのできる能力、これこそ人間関係における常識力と言えます。

経済の仕組みも同じように考えることができます。

All or Nothing の考え方（つまり、全部かゼロかという考え方）は、一般的に経済には馴染みません。いわゆる大多数の最大公約数を見つけ出すのが、経済の基本であるべきです。

最近は、Globalization によって、大多数の最大公約数を見つけることがこれまで以上に困難になってきています。とくにお金には国境がありませんから、日本経済が良くなるためには、一人勝ちを求める経済政策では世界からつまはじきになってしまいます。

その結果、株式市場や債券市場から海外投資家のお金が逃避してしまうと、企業の設備投資意欲が低下し、中小企業の倒産や消費の低下につながり、最後は不況になってしまいます。国際的な視野に立ち、一人勝ちではなく最大公約数を目指す経済政策を打ち出さない限り、日本経済の復興は程遠いでしょう。

日本経済はいざなぎ景気をこえる長期的な成長を記録しているのに、特に地方や中小・零細企業において好況感がないのもこのためです。

資本の大きい会社は、生産拠点や営業拠点の海外シフトによって利益を上げることができますが、その下請けなどの協力会社、拠点のシフトが財政的に容易でない中小企業や、その土地で営まれる農業や水産業は、そういった柔軟な対応をすることが難しいため、大企業のような好況感はなく、むしろ厳しい状況にあえいでいる人が多くいます。

そして、中小企業の倒産件数は増加し続け、いわゆる地域間格差や大企業と中小企業との格差の広がりにつながっています。

最近の新聞やマスコミの論調は、昨今の株式市場の低迷や経済の先行き不安は米国のサブプライムローン（米国の低所得者向け住宅ローン）の影響であると解説しています。

もちろん、サブプライムローンの影響は少なくありませんが、本当の理由は別のところにあります。

なぜならサブプライム問題で最も影響を受けるはずの米国の株価下落率に比べ、日本の平均株価の下落率は格段に大きいからです。

本来なら米国での株式市場の方が大きな影響を受けるはずなのに、何かおかしいと思いませんか？　つまり、日本の株式市場の低迷は別のところに要因があるのです。

ちょっと話は変わりますが、落語に「風が吹けば桶屋が儲かる」という古典があります。

風が吹けばホコリが舞う、ホコリが舞うと目に入る、目に入ると目が見えなくなる人が増える、目が不自由な人が増えると手に芸をつけようということで三味線をひく人が増える、三味線をつくるためには猫の皮が必要だから猫を捕まえる、そうすると猫が少なくなる、猫が少なくなるからネズミが増える、ネズミが増えると風呂桶がこれまで以上にかじられる、だから桶屋に注文が増え、桶屋が儲かるというわけです。

つまりは、意外なことに影響が出るということです。

これを現在の環境にあてはめてみると、国家の政策、とくに経済政策はそれ自体の目的以外のところで、意外な結果を生み出しています。

昨年、度重なる飲酒運転による犠牲者をなくすために道路交通法が改正され、取り締まりが一層厳しくなりました。

これはある意味、当然のことですが、それによってどんな影響があったかというと、地方の飲食店、とくに居酒屋の倒産が激増したのです。逆にいえば、いかに酒を飲んで車で帰る人が多かったかということです。

しかし、為政者はそんなことを想像したでしょうか?

飲酒運転を追放するというのは当然のことですが、同時にこのようなマイナスの経済効果が表れるのを予想することが為政者には求められるのです。

そのような法律改正の中で、最も影響が大きかったのは新建築基準法でしょう。皆さんもご存知の通り、二〇〇五年末に起こった元一級建築士・姉歯秀次氏らによる一連の耐震強度偽装事件の影響で建築基準法が改正され、〇七年から民間の建築許可が厳正に審議されることになりました。

ところが、本来、法律改正に伴う人員を施行前に配置するべきなのに、それがないままに法律が施行されたため、結果として従来二、三週間で許可されていたものが、二、三カ月かかるようになりました。

その結果、昨夏以降の住宅着工件数は大幅に減少し、小規模の建設会社や工務店の倒産が相次ぎました。

その他、金融商品取引法、新貸金業法など一般の消費者を守る法律が次々と施行されたものの、本来、行政が行うべき業務や保護を民間企業に義務付けたために、資本の薄いノンバンクや資金調達のできない中小・零細企業の倒産が激増し、昨年は前年同期比で二〇％を超える中小企業が倒産しました。

政治や行政を司る人たちはこういった末端への影響をもっと正確に把握し、立法府としての役割、行政としての役割を果たすことが、今まで以上に求められます。

物事の落としどころを探る力、win-winの状況をつくる力、つまり常識力は、社会が複雑になるにつれて取得することが難しくなってきています。

しかしながら、常識力を持った経済政策に変えていかなければ、格差解消の前にさらに国力は低下していくでしょう。このままでは「Japan as number one」と言われた時代が、本当に昔話になっていくと感じています。

常識力を持った経済政策

常識力を持った経済政策とは、どんな政策なのでしょうか。

方法論としては様々なことが考えられますが、結論からいうと、「確立されたセーフティネットを基盤とした自由競争社会をつくることを目的とした」政策です。

憲法25条には「すべて国民は、健康で文化的な最低限度の生活を営む権利を有する」と記されていますが、今求められているのは、このセーフティネットを確立した上での資本主義に基づく政策だということです。

私は長年、いわゆる市場万能主義、究極の競争社会の中で生きてきました。しかし、それはそういう社会に自発的にチャレンジする人の集団の中での競争です。外資系投資銀行には、二十代で1000万円以上の年収を得る人が大勢います。とくに株式トレーダーなどは、三十代前半で1億円以上の年収を稼ぎ出す人だっています。こういった人たちは自分から好んでこの世界に身を投じた人であり、そして、それだけの成績を残せるのは一握りの人たちです。

プロ野球選手でもプロゴルファーでも成功できる人はほんの一握りですから、同じようなことが言えると思います。

ところが、一般社会は根本的に違います。一般社会に同様の市場万能主義を持ち込めば、社会がどうなるかは明白です。

自発的にそうした社会に参加してきた人たちの集団では、能力のない人は当然淘汰されますし、それを前提に競争をしています。しかし、一般社会では皆が皆、その競争についていけるわけではありませんから、そういう人たちのためのセーフティネットが必要になります。

そういうセーフティネットがないために、今はいわゆる「負け組」と呼ばれる人たちが社会にあふれ、これが格差を生み出し、犯罪を生み出す……。こういう負の連鎖につながっていっているのが現在の日本の状況です。

とくに本当に働くことのできない人、例えば、高齢者や身体の不自由な人などは、このセーフティネットで守らなくてはならないし、競争についていけない人であっても、最低限の生活は守っていかなくてはなりません。ただ、働けるのに自ら働こうとしない人まで守ってしまうのは本末転倒ですが……。

ですから、経済政策にはきめ細かさが求められます。と同時に、五年、十年先を見据えた政策立案も必要です。

ここ数年の日本の経済政策は、目先の利益を追求するあまり、長期的な展望に欠けていると言わざるを得ません。

誰もが等しく参加する権利、機会均等を是とすべきであって、決して結果平等を求めるべきではないことは当然ですが、いまの経済政策は、その機会均等さえも与えられないような方向に向かっていると思われます。

新聞社のインタビューに答える著者

例えば先述したように、新しい建築基準法は行政の準備が整わないまま施行され、資本の少ない建設会社は大量に倒産、または倒産の危機を迎えています。新貸金業法の施行によって多くの中小企業が資金調達ができなくなり姿を消しています。そのような例は数え上げればキリがありません。「きめ細かさを持った政策」が、常識力ある政治や行政のもとでつくられることが大切なのです。

安倍晋三・前首相が「再チャレンジ政策」を打ち出したとき、私は拍手をしました。しかし、現実には、この政策は末端まで配慮がなされていなかったため、残念ながら掛け声倒れになってしまいました。

日本の株式会社の九九%は、いわゆる中小・零細企業です。このような中小・零細企業が安心して、新しいチャレンジができる政策こそ、この国の経済成長の基盤となると確信しています。

常識力のある人、ない人

「人は見た目が九〇%」と言われます。それほど、外見は大事ということです。でも、こと個人の人間関係についていえば、失礼ながら不釣り合いな外見のカップルがいかに多いことか。

「見た目」で相手を判断するのは、軽い関係、たとえば、レストランや量販店の店員さんと顧客の関係などに限られます。誰だって、ちょっとだけ接するなら清潔感が漂う、いわゆるイケメンや美人のほうがいいに決まっています。

しかし、家や車などの大きな買い物をしたり、伴侶を見つけたり、会社で大きな取引を任せたり、契約をしたりするときに相手に求める最も大事な要素は何だと思いますか。

答えは、もちろん「見た目」ではなく信頼関係です（見た目も大事な要素ではありますが）。信頼できる相手とは、自分のことを分かってくれる、自分と同じ尺度で物事の重要性を分かってくれる人です。

言い方を換えれば、人間的に好きになれるタイプの人です。

では、好きなタイプの人と嫌いなタイプの人の差はどうやって生まれるのでしょうか（同性、異性を問わず）。

それは、人間関係の距離感だと思います。

お客様と仕事をするとき、特に大きなプロジェクトを遂行するときには、お互いの価値観を共有しなくては仕事になりません。その価値観を共有するプロセスにおいては、相手との適切な人間関係を構築することがもっとも大事です。

つまり、相手から嫌われない距離感、好かれる距離感をできるだけ早く見つけだす能力、これを有する人こそが常識力のある人だと言えるでしょう。

一つの例をお話しします。

私が、メリルリンチ証券のチームリーダーをしている時、ある大手企業の役員からこんなことを言われました。

「網屋さんの所の、××さんは、本当に優秀ですよね。これまで私がお会いした担当者の中でも、飛び抜けていますよ。でも、チームの連中が担当者を替えてくれって言うんです。なぜかわからないけど。うまくプロジェクトが進まないかもしれないので、彼ほど優秀でなくていいので、担当者を替えてくれませんか」

XXさんは、東京大学法学部を卒業して、アメリカの法学の大学院で修士号を取得するなど、とても優秀な人でした。もちろん、どんな細かい質問にもきちんと答えの出せる人だったので、そんなことを言われたのにはびっくりしました。

そこでプロジェクトの担当者を○○さんに替えることにしたのです。
○○さんは、彼ほどの経歴もなかったし、もっと若くて経験も浅い社員であったにも関わらず、プロジェクトはこれまで以上にスムーズに進みました。
打ち上げの飲み会で、「××さんから○○さんに担当を替えてくれてありがとう。おかげでうまくいきました」とその企業の担当の方から言われました。

わたしは、「××さんのほうが経験もあるし、優秀だと思っていたんですけど、どうして担当を替えてほしかったのですか」と尋ねました。

すると、意外な答えが返ってきました。

「××さんは、優秀すぎて何でも自分が一番知っているという態度をとるんです。ですから、みんなが気軽にいろんなことを尋ねにくくて、かえってプロジェクトの進行が停滞してしまったんです。それに対して、○○さんは、わからないことがあっても、一生懸命調べて、誰でもわかるような説明をしてくれるし、自分の会社の社員みたいにチームに同化してくれたんです」

つまり、××さんは、常識力に欠けていたために、そのコミュニティーにおける適切な人間関係の構築のための距離感をつかめなかったのです。それに対し、○○さんは、その一生懸命さが結果として、潜在的な常識力を発揮させたといえます。

常識力のある人と、ない人の違いがわかった経験でした。

企業が採用すべき人材

企業が採用すべき人材にはいろいろな要素がありますが、前の例でいうと答えは明白です。

私は、人を新しく採用するときには、基本的に相反する二つのタイプの人材を採用しました（もちろん、ある程度の事務能力や問題解決力があることが前提です）。

一つは新しい人を組織に入れるときに、みんながその人と仲良く仕事ができるか、うまくやれるかと考えて採用するケース。もう一つが、意図的に反乱分子となりうる存在として期待するケースです。

表現が難しいのですが、上昇志向の強い人ほど性格にトゲがあります。しかし、そういう人はトゲがあっても常識力を持っていることが多く、会社の利益が何であるかを初めから分かって行動をするから、いい結果を出してくることも多いのです。

私は面接で「君は五十歳になったときに、どうなっていたいの？」といった質問をすることがあります。

そういう質問をしていて感じたことは、「この会社に骨をうずめて一生懸命会社のために働きます」というようなタイプの人は、必ずしも企業側の理想に合致する人材ではないということです。

「十年後に自分で起業したいから」とか「五年間で1億円貯めたいから」とか、理由はなんでもいいから、自分の将来に向けて、はっきりした目的意識のある人のほうが一生懸命に働いてくれるのです。

仕事というのはチームワークがないとできません。自分の成績を上げようと思ったら、他の人にどんな協力をしてもらわないといけないのか。そして、彼らに協力してもらおうと思ったら、自分は何をしなければならないか。そうやってチームを円滑に動かすためには何が必要なのか、ということを考えてやっていける人物が求められます。

それができる人というのは、はっきりした目的があるから行動を起こせるのです。

また、面接をしたとき、五段階評価で面接官がオール四をつけるような人も私は採用しませんでした。これは個人の好みの問題になってくるかもしれませんが、誰かが二としか評価しないけれども、誰かは五をつけた。そういった評価が真っ二つに分かれるような人を、私はあえて採用したのです。

なぜかというと、このように評価の分かれる人はものすごく化ける可能性があるからです。

オール四の人は、たいてい勤務態度もよく、真面目で頑張り屋さんで、上司のウケもよいという人が多いのですが、そういう人は得てして、いざというときに結果が出ません。

大きな会社を相手取って大きな仕事を持ってくる人には、どこかで火事場のバカ力が必要になります。

投資銀行の世界は、三年かけて1000億円の大きなディールを獲得できるかどうかの世界です。一年で10億、50億のディールをいくつか獲得してくるよりは、それまでの費用対効果を考えると、三年かかっても1000億円単位のディールを一つ獲得してきたほうが評価に値します。

ですから、言い換えれば、「一発屋」のような要素もあるのです。

つまり、評価が二か五に分かれる人を採用するということは、そこの一発屋の要素に賭けてみるということです。

しかし、たかが三十分や一時間の面接で、常識力があるかどうかを見分けるのは極めて困難です。ただ、私の経験からいうと、常識力を潜在的に発揮できる人には、ある似通った傾向があります。

それは、第一に目標設定の時期が早いことです。

プロスポーツ選手にせよ、お医者さんや弁護士などにせよ、世の中である程度成功した人は十代の頃から自らの将来像を描いています。

　第二にコミュニケーション能力です。

　これは、英語が話せるとか、中国語が話せるとか、ましてやアナウンサーの学校を卒業したなどといった能力ではありません。

　では、コミュニケーション能力とは何なのでしょうか。

　それは、相手の言っていることの主旨を瞬時に理解する能力です。もちろん、自分の意見を正確に伝える能力も必要です。

　コミュニケーションのトラブルで最もよくある例が、「伝える」ことと「言う」ことの違いが理解できない場合です。つまり、相手にわからせるように伝えることと相手の言うことを正確に理解し、何をなすべきかがわかることの二つが合致して、初めてコミュニケーションというものは成立するのです。

「ちゃんと言ったのに」思ったような答えが返ってこなかったり、時間通りにできなかったりしてトラブルになるケースはよく起こります。

　ところが、常識力を身に付けた人は、得てしてこういうトラブルはほとんど起こらないのです。

投資銀行の世界は、いわゆる徒弟制度の世界です。

私が二十七歳でモルガン・スタンレーに入社した頃のことです。

マネジング・ディレクター（MD）といえば、一般企業における取締役や執行役員にあたり、投資銀行の世界では神様の次に偉い、そういう存在でした（もっとも、当時MDは日本に二、三人しかいませんでした）。

ですから、夜の十時であろうと、夜中の一時であろうと、「明日の朝までにこういう資料をつくっておくように」と言われれば、徹夜で仕事をしましたし、当時はまだ携帯電話のような便利なものがなかったので、われわれアソシエート（専門家の予備軍のような存在）は二十四時間ポケットベルを持たされたものでした。

翌朝提出する資料が、MDの意図を反映したものでなかったときには容赦なく罵倒され、クビの心配をしなければなりませんでした。ですから、われわれはMDの意図を理解するために、いろいろな質問を投げかけ、完全に理解するまでに何時間でもMDと話をしたものです。

そうすると、自分の上司であるＭＤが物事をどのようにとらえ、どう、理解しているのか、こちらも分かってきます。

お互いに議論することによって相互の理解を深め、最終的にお客様の痒いところに手の届く資料が完成するわけです。

このコミュニケーションをないがしろにすると、当然、「こんな資料は求めていない」ということになりますから、何のために徹夜をしてまで仕事をしたのかと自己嫌悪に陥ってしまいます。

ですから、論理的な思考能力はもちろん大切ですが、それとは別に自分の言いたいことが確実に伝わっているかを判断する能力、相手の言っていることを確実に理解する能力、これが仕事をする上で潜在的に求められると言えるでしょう。

自分の伝えたいことを「簡潔」に、かつ「わかりやすく」伝える能力、そして相手の意図を理解する能力、これが常識力を身に付けるための基本中の基本になってくるのです。

ですから、「伝える」ことと「言う」ことの意味を理解することは、社会生活の中でとても重要なことです。

外資系企業のマネジメントをやっていると、日本のことを知らない外国人首脳が、日本的に考えると、理不尽な要求をしてくるときがよくあります。逆に、日本人のスタッフが日本の会社では通用しても、とても外資系の会社では通用しないようなことを求めてくることもよくあります。

ここで、お互いが満足できるような最大公約数を探し出し、両者が満足するポイントを見つけ出すことが、会社を経営するうえで最も重要な能力であると言えます。もちろん、その時の相談相手は、国籍や性別とは関係なくコミュニケーション能力の高い人、つまり常識力を持った人に限ります。

投資銀行では仕事の性格上、上場企業のオーナーや社長、副社長、役員などの皆さんとお会いするケースが多々あります。

たいていの日本の会社はヒエラルキーの社会（ピラミッド型社会）ですから、あまり上層部の人とだけ接触をしていると、その部下の皆さんから嫌われることがあります。ですが一方で、経営陣の信頼が得られないと仕事にならないことも事実。このジレンマをいかに解決するかは、常に重要なテーマです。

典型的な二人の例を紹介しましょう。

Ａさんは都市銀行の出身で、米国の有名ビジネススクールのＭＢＡ（経営学修士）を取得した、いわゆるエリート銀行員でした。

彼は投資銀行に転職し、私の部下になりました。英語力は抜群で、見た目も良く、人間性も素晴らしい、いろいろな人に好かれる「敵の少ない」人の典型でした。彼は地道にお客様とのコミュニケーションを続け、いろいろな大きな取引のチャンスをもらってくるのですが、残念ながら、結果的にはなかなか大きな仕事を取ることができませんでした。

Ｂさんは日本の大学を卒業。日本の証券会社出身で、営業畑の長い人でした。Ｂさんの英語力は、身体を使ったジェスチャーを交えながら、何とか通じる程度でしたが、発想はユニークで大局観がありました。彼はＡさんとは逆に、比較的短期間にいくつかの大きな仕事を獲得したのです。

二人の違いがどこにあったのかというと、Ａさんの場合、これまでの経験と人の良さから、自分の提案を平社員、課長、部長と、上へ上へと話をし、煮詰めていきました。しかし、これではなかなか専務や社長クラスまで届かず、Ａさんは大変苦労していました。

反対に、Ｂさんは細かい提案はせず、大局観から業界再編の話や仕事以外の話などを最初から役員クラスにぶつけ、すぐに社長やオーナーに話をしにいく人でした。

当然、一般社員のウケはＡさんの方が抜群でしたが、結果が出るのは圧倒的にＢさんの方でした。

Ａさんのアプローチは正攻法で、何も問題はありません。逆に、Ｂさんのアプローチはやや乱暴なところもありますが、これも間違いではありません。

では、この二人の決定的な違いとは何だったのでしょうか？

それは時間軸に対する感覚です。

日本の銀行では、お客様に対するアプローチが組織的に行われ、それが長い間の慣習として、Ａさんに身についていたのかもしれません。Ａさんは、組織内の人的ヒエラルキーを重要視するあまり、結果として取引のタイミングを失うことが少なくなかったのです。

これに対し、Ｂさんは下の人から少々嫌われることがあったとしても、基本政策の決定権者にターゲットを絞って提案を集中させることによって、取引のタイミングを的確に捉えることができたのです。

外資系投資銀行は比較的、短期間に結果を求められる傾向があります（といっても、一、二年はかかってしまいます）。このゲームのルールを理解しているか否かが、最終的な勝ち負けを分けるといえます。

とはいうものの、AさんもBさんも常識力という点では、極めて優れた能力の持ち主であったことは言うまでもありません。

常識力はどこで体得するのか

では、常識力とはどこで身に付ければいいのでしょうか。

結論からいえば、いろいろな人と積極的に関わったり、いろいろな仕事に取り組んだり、いろいろな趣味にチャレンジしてみたり、要するに、いろいろな経験を培うことでしか常識力は身につきません。一朝一夕には身につかないということです。

例えば、失恋したとしましょう。

なぜ自分はフラれたのかを考えてみると、それは相手の女性がどういうことなら心地よくて、どういうことが嫌いかということを、うまく読み取れなかったということです。それも突き詰めてみれば、いわゆる常識力の欠如だといえます。

男女関係の場合はまた別の要素があったりもしますが、友人関係でもそうです。ものすごく仲の良かった友人が、いつの間にか友人ではなくなってしまった、というのはよくあることです。原因は多々ありますが、何かちょっとしたことがきっかけで友人関係が変わってしまうというパターンです。

ちょっとしたきっかけとは、例えば、一緒に喫茶店でコーヒーを飲んで、その友人が先に帰ってしまったとき、「あいつはコーヒー代も払わないで帰ってしまった」といって怒る人もいるし、向こうに悪気があるかどうか分からないから「あいつは本当に慌て者だよな」といって気にしない人もいます。

つまり、前者の人にしてみれば、もともと悪気があると思っているから人間関係が崩れてしまうのです。

こういった齟齬は、客観的にこうしたら対処できるというものでもありませんし、いろいろな経験を積み重ねた中でしか判断できません。

ただはっきり言えることは、先ほども言いましたが、コミュニケーション能力の低い人は、人間関係もうまく展開できないということです。

前節の「伝える」と「言う」の違いで述べたように、話をした相手がどこまでの理解力があるかということを、こちらが分かっていないと、その後の仕事などにも影響をきたします。


仕事をしていると、いろいろな部下がいるものです。

「ちょっと○○さんに、こういう用件を伝えておいて」と言って、私が外出したとしましょう。

Aさんは「電話をしたけど本人がいなかった」と言い、Bさんは「本人がいなかったので、秘書に用件を伝え、本人には一応メールをうっておきました」と、打つべき手をその時点でしっかり打ってくれました。

結局は本人のやる気の問題なのですが、両者の対応はもう段違いですね。

誰だって一緒に仕事をするなら、Bさんの方がいいに決まっています。それはBさんに問題解決のための常識力があるからです。

ですから、Aさんに物事を頼むときには、頼む側がAさんには常識力がないということを理解した上で話をしないと、仕事のミスにつながりかねません。

当然、Aさんには常識力が欠けているという事実を理解するのも、結局はAさんとコミュニケーションをどれだけとったかによりますから、常識力の根本はコミュニケーションにあると考えることもできます。

繰り返しですが、経験を積むことでしか常識力は養えないのです。

第2章

常識力があれば会社は経営できる

常識力があれば会社は経営できる

M&Aとは何か

これまで、私は何十というM&A（企業の合併・買収）のプロジェクトに参加してきました。銀行、流通、薬品、ノンバンク、インターネット、テレコミュニケーション、電機などジャンルも多岐にわたっています。

ここで少しM&Aについて、お話ししましょう。

M&Aとは、「Mergers and Acquisitions」の略語で、日本で言うところの「会社の合併と買収」という意味です。

例えば、東京三菱銀行とUFJ銀行が一緒になって三菱東京UFJ銀行が誕生しましたが、これが会社の合併です。

また、西友グループ傘下のファミリーマートが伊藤忠商事の傘下に入りました。これは西友グループが保有していたファミリーマートの株式を伊藤忠商事に売却したから起こったことで、これを会社の買収と言います。

こういう会社そのものの形や運営が、資本の論理に基づいて変わることを総称して「M&A」と呼んでいるのです。

M&Aの財務アドバイザー（FA）がどのような役割を担うかというと、当然、その取引がスムーズに成立するためのエージェントということなのですが、実は、法律的にはもっと重要な立場であるといえます。

会社の合併や売却は、その大きさによって取締役会や株主総会で最終決定されます。当事者はそうすることが会社の将来のためであり、会社の合併・売却をすることによってビジネスを拡大したり、経費を削減したり、業界内の競争状況を有利にしたいと考えています。

ところが、上場企業の株主は何千、何万という数で、その全員がその取引に同意するかどうかはわかりません。

そこで取締役会は第三者であるFAに、その取引が株主にとって有利なものである（少なくとも不利なものではない）という意見書を書いてもらうわけです。内部の人間だけでなく、第三者から見ても、この取引が株主にとっていい取引であると証明されるわけですから、法的に大変重要な立場なのです。

外国の投資銀行が日本で活躍し始めたのは、ここ十年ぐらいのことです。その原因は、実は、日本企業の株主構成の変化にあります。

一九九〇年代後半から、外国人投資家が積極的に日本株への投資を進めた結果、外国人株主が増大しました。例えば、オリックスなどは発行済み株式数の五〇％以上を外国人が保有していますし、現在の東京株式市場での株式売買の六〇％以上が外国人によるものです。

従来、会社の経営政策に積極的に日本の株主が口をはさむことは、よほどのことがない限り稀でした。ところが、外国人株主は自分の利益を損なう取引を会社が行おうとすると反対してきます。そこで、日本の上場企業の経営者は、そういった外国人株主の行動パターンをよく知っている外資系投資銀行をアドバイザーに起用するようになってきた、というわけです。

事実、私が関与したある製薬会社の合併でも、株主総会前にその経営陣が世界中の大株主に合併の内容を説明に行き、株主総会で反対しないように根回しをした、ということがありました。

ちょっと話は脱線しますが、M＆Aのアドバイザーとして仕事をすると何が面白いかというと、もちろん取引を成功させるための駆け引きや成立した時の達成感が快感なのですが、そのプロセスにおいて、業界や市場の専門家になれるということです。

会社や業界の話を聞いたり、専門書や証券会社のリサーチアナリストのレポートを読んだりすると、多くの知識が身に付きます。ときどき、自分の知的好奇心を満足させるために、人に根掘り葉掘り聞きすぎて、嫌な顔をされることすらありました。

でも、新しい世界を知ること、新しい知識を得ることは、楽しくて仕方がありませんでした。同時に、その取引に絡んでくる複雑な人間関係や過去の会社間のしがらみや労使関係などなど、複雑になればなるほど縺《もつ》れた糸をほどくようで大変なのですが、逆に達成感も大きくなります。

M＆Aの成否を決めるもの

しかし、表に出ないまま闇に葬られたり、マスコミのスクープの餌食になって消え去ったりした取引もいくつかあります。

例えば、M&Aの契約事項が最終決定される前に、「あそこは合併されそうだ」などと、噂になったりする場合があります。

当事者はもちろん内部関係者として、情報を外部にもらしたりすることはないのですが、当該企業のプロジェクトメンバー以外の社員が、想像や憶測でそういう話を外部にしてしまうケースです。

その結果、新聞社がスクープとして記事にしてしまうと、その影響で株価が乱高下したりしてしまいます。

そこに関係者が絡んでいるとインサイダー取引として罰せられるのですが、えてして、興味本位で受け取られたり、間違った情報によって極端に株式が売買されてしまい、暴騰、あるいは暴落したりすることがあります。

こうなってしまうと取引を中止せざるを得ない場合も出てきますから、言うまでもなく、取引情報の管理は非常に大切だということなのです。

私が関与したケースでも、プロジェクトの途中で情報がもれ、日本経済新聞の一面トップ記事として掲載され、その直後、マスコミ対応に追われたことがありました。

幸い、そのケースではすぐに記者発表を行うことができ、また、当該会社の株価にも問題がなかったのでうまくいったのですが、これとは別に、私の常識力の欠如によって、やむを得ずキャンセルしなくてはならない取引もありました。

それはある大きな上場企業（株式の時価総額で当時1兆円ほどありました）のオーナーが、自分の持ち株を外資の投資会社に売却するというプロジェクトでした。

そのオーナーは自分でその会社をゼロから立ち上げ、ここまでの会社に作り上げた自負と自信に充ち溢れた人でした。ところが、ある事情でその持ち株のかなりの部分を売却しなくてはならなくなりました。

私は、この方とは十五年ほどの付き合いがあり、また、いろんな経営戦略についてアドバイスをしてきたこともあって、この株式の売却プロジェクトを依頼されました。数千億円のビッグ・ディール（大きな取引）です。

そして、いろいろと複雑な交渉や税制上、法律上の問題点などすべてをクリアし、明日が契約書の調印という日のこと――。

オーナーから、至急自宅に来てほしいとの連絡があったので、あわてて参上すると、「売却を中止したい」と突然言われました。これまで三カ月間かけて、何日も徹夜同様の夜を過ごし、弁護士や会計士、コンサルタントとの協議を重ね、相手方とのタフな交渉もやっと完了した矢先のことでした。

その後、いろいろと話し合いましたが、結局のところ、そのオーナーの意思は元には戻らず、取引は中止になってしまいました。

私は、協力してくれた多くのプロジェクトメンバーに申し訳なく、なぜ彼が翻意したのか考えました。

結果から言うと、いわゆる落とし所を間違えたのです。

このオーナーは、会社を売却しなくてはならない事情があるから、私はちょっとぐらいの無理は呑んでくれるだろうと考えました。それが失敗の原因だったです。

プロジェクトの最中は彼も仕事とプロジェクトに忙殺され、流れるままに進めてきたけれど、いざ自分の会社の株式を売却するとなったとき、本当にこの契約でいいのだろうかと疑問に思ったのでしょう。

第三者的に見れば、極めてまともで公平なものだったのですが、このオーナーからみると、妥協の産物であるように映ったようです。

本来、アドバイザーはこういった顧客の考えを深く理解し、両者が納得する落とし所を見つけ出すのが仕事のはずでした。そうした落としどころを見つける能力は、常識力に裏打ちされたものであるはずです。

ところが、私がこれくらいは妥協してくれるだろうと考え、落とし所を間違えたために、取引がキャンセルになってしまったのです。

言うまでもなく、常識力の欠如だったと深く反省しました。

もちろん、逆にお互いの主張を注意深く聞き、譲れるところ、譲れないところを理解することによって、難解な取引を成立させたことだってありますが、失敗した取引ほど、よく記憶に残るものです。

仕事は無駄の集大成

あるとき、私の部下で思うように仕事がとれずに悩んでいる若手社員がいました。私がメリルリンチで投資銀行本部長だったときです。すると、ニューヨークの本社から「その若手社員は実力が無いからクビにして、新しい担当者を見つけるように」という通達を受けました。

ところが、私は本社とは違った考えを持っていました。

確かに、彼はこれまでの数年間、経費をかけてきた割に、いい仕事が取れなかったのかもしれない。しかし、世の中には、そんなに優秀な社員が数多くいるわけではありませんし、彼が培ってきた人脈や情報を分析すると、あと一年我慢してやったほうが効果があるのではないか、と考えたのです。

だから、私は「彼の処遇は私に任せてくれ」と言いました。

投資銀行業務に限らず、仕事とは〝無駄〟の集大成なのだと思います。

何億円、何十億円の手数料をいただく仕事というのは、かなり大きな仕事ですから、当然その企業の生死に関わる仕事になります。ですから、お客様から「この人なら本当に大丈夫だ」という信頼感を勝ち取らなくてはなりません。

しかし、人の信頼感を勝ち取るには時間がかかります。距離感を越えて自分をさらけ出さないと、相手から信用されるはずがありません。自分をさらけ出して初めてこの人なら信用できると思ってもらえるのです。

そのためには、相手先に何度も足を運ばなければなりませんし、休日に一緒にゴルフをしたり、一緒に食事をしたりもしますから、経費もかかります。彼がこれまで一生懸命、お客様の信用を得るべく、そういった活動をしていることを私は知っていました。

だから、私は彼のこれまでの努力にかけたのです。

その代わり、一旦信頼を勝ち取ると、お互いに無理を言っても聞いてもらえるような関係になる。それが会社の一社員としての信頼ではなく、個人的な信頼にまで高めることができればしめたものです。

今でも私は山一證券のときのお客様と親しくお付き合いさせてもらっています。

当時は課長さんだった方が、大抵、今では企業の役員や顧問になっています。山一證券を辞めてこの二十年間、食事を共にしたりしながら、「世の中どうですか？」とか「みんな偉くなったよね」とか言い合っています。

こういった一見仕事に関係ない人間関係の積み重ねが、意外なところで力を発揮するものです。

話を元に戻しましょう。

私がメリルリンチで本部長になるときに、ニューヨークの本社で最初に言ったことは、「autonomy＝自治」でした。本社が私を拘束して、私が言いなりになるだけならこの役職には就かない、ときっぱり宣言しました。

その代わり、結果は求められます。そういう背景があっての本社からの命令だったのです。

ですから、本社の結論は、その社員の処遇は私に一任するというものでした。

実際、その若手社員はかなり焦っていました。

それで二人で話をしたことは、君は今年一銭も稼げなくてもいい、必要経費や手数料なんて考えなくてもいい。ただし来年中に大きいディールを取ってこい、と言ったのです。

一年後、彼は見事に大きなプロジェクトを獲得しました。

要は、ニューヨークからアメリカ人の感覚で物事を言ってくる本社の立場と、日本の会社の感覚で物事を考える日本人社員の両者の落とし所を探すのです。両者の最大公約数と言ってもいい。それが外資系企業のマネジメントにおける常識力なのです。

ところで、M&A、とくに企業合併のときにいつも問題になるのが、合併比率とポスト争いです。合併比率は、両会社の企業価値によって、おのずからあるレンジが決まるのですが、成長性は乏しくとも、プライドの高い老舗の場合、面子にこだわるあまり本当の価値を受け入れたがらないケースはよくあります。

ここでも、最も重要なのは忍耐力と常識力なのです。

特に歴史の古い会社の場合、そこの役職員の会社に対する評価と世の中の（特に、一般の機関投資家からの）会社に対する評価との間に、著しいギャップがあることがままあります。こういうケースでは、大変苦労したものです。

成功する経営者に必要なこと

職業柄、いろいろな会社の経営者、創業者の方々などとお会いさせていただきました。

この二十五年間で訪問した上場企業は四百五十社にのぼり、世界に名だたる企業に成長した会社がある一方で、倒産したり、民事再生法の適用会社になったところもいくつかあります。また、製薬会社や銀行、商社など多くの会社が、売却されたり合併したりして名前が変わってしまいました。

では、倒産したり、売却せざるを得なかった会社と、長年成功している会社の違いはどこから出てくるのでしょう。

成功が持続しない会社には、ひとつだけ共通項があります。

いろんなプロジェクトを遂行していくと、よく会社の若手や課長さんクラスの方と食事をしたり、お酒を飲んだりすることがありますが、その時にその人たちが、外部の人間である私に、経営陣やオーナーの悪口を言うことがあります。

それが、建設的な批判であればいいのですが、「うちのオーナーは、ケチ」だとか「××専務は、こんなに悪いやつだ」などといった誹謗中傷に近い悪口もあります。

会社に勤めていれば、多かれ少なかれ不満はあります。社員同士でそれをぶつけ合うのもストレス解消になるでしょう。しかし、所詮は外部の人間である私にそういうことを言う人は、会社のことを嫌っているとしか思えません。

会社を嫌いな社員が働いている会社が成功するはずはありません。

では、成功する会社の経営者と、そうでない会社の違いはなんでしょう。

私は、経営者の Fairness（公正さ）だと思います。

どんな人事政策でも多少の不公平はあります。しかし、たとえ自分より若い人が上司になっても、「あいつならしょうがない」と思えるような人なら、みんな納得します。でも、「何であいつが」という人事を行い続けると、社員が離反するのは当然です。

成功する会社の経営者は、たとえ大企業であっても社員との距離が近い会社だといえます。なぜなら、末端の社員との距離が近い経営者ほど公平な人事政策を遂行できるからです。

私が、日本の会社を辞め、アメリカの投資銀行モルガン・スタンレーに勤めたとき、こんなことがありました。私がアソシエートと呼ばれる、いわばペーペー社員だった頃の話です。

私がパソコンに向かって仕事をしていると、後ろから私の肩をたたく人がいました。

「Hi! Shin, How are you？（信、元気かい）」

私の名前は「信介」ですから、その頭文字をとって「Shin」と呼ばれていたのです。

その声の主はなんと、研修で一度だけしか話したことのないＣＥＯ（米国本社の社長）でした。ニューヨークからＣＥＯが東京に来ていたのです。

日本の会社にいたとき、私はこんな経験がなかったので、感激し、ロイヤリティーも強くなりました。しかも、彼はそれに続いて「何か困ったことはないか？　あったらいつでも、ニューヨークの自分にメールしてくれ」と言ってくれたのです。

皆さん、どう思いますか？

成功する会社の経営者像は、いろいろな形があるでしょう。

会社はもちろん一人では前に進みません。最近、偽装商品で告発されている会社の共通点は、社員ではなく、経営者のモラルの欠如だと思います。いずれもが、社員の内部告発というのも、何か納得できます。

モルガン・スタンレーは現在でも一流の投資銀行ですが、こんなところに成功の秘密が隠されているのかもしれません。

常識力によって保たれる人間関係

職場には様々な上司がいて、中には好きになれない上司がいたりします。

ロンドン駐在時代

例えば、性格が良くて仕事のできない上司と、人間的には好きになれないけれども仕事はバリバリできる上司がいたとします。

皆さんはどちらの上司に仕えたいと思いますか？

私の場合は、躊躇なく後者です。

なぜなら、性格が良くても仕事のできない上司のもとでは、仕事を通じては自分が成長できないからです。

仕事ができない上司というイメージを持たれてしまうと、「この仕事、誰か一緒にやりたいヤツはいるか？」と聞かれても、部下は手を挙げなくなります。逆に、上司が嫌なタイプであっても、仕事が面白ければ手を挙げる人はけっこういるものです。

逆に、人間的には好きになれないけど仕事ができる人というのは、多少のトゲがあっても「なんで、この人は仕事をとってこれるのかな?」と考えるきっかけになり、自分の勉強にもなります。

例えば、「お前はなんでこんなことができないんだ」と言って、大勢の前で怒鳴りつける上司がいたとします。自分が当事者として怒られたら「この上司は最低だ」という屈辱感しか残らず、決して反省する気にはなれません。

部下を怒るときには、人の見ていないところで「お前なにやっているんだ、そうじゃないだろう?」と言ってあげた方が効果的です。

ですから、自分が上司になったら「絶対にこんなことはしない」と、逆の意味で学習します。

どの人にも、どんなことをされたら怒って、何をしたら喜んでくれるかというポイントがあります。そのポイントが分かれば、別に上司がいい人だろうと、好きになれない人であろうと、関係なく仕事ができます。

つまり、サボリ癖があろうが、朝までお酒を飲んで遅刻してこようが、成績さえ上げていれば何も文句を言わないタイプの上司と、全く正反対で、成績が良かろうが悪かろうが組織は規律が一番だと考える上司。

どちらの上司がいいか悪いかという話ではありませんが、そのような特徴を理解できれば、会社生活はうまくいくのだと思います。

これはある意味で、常識力の応用問題なのかもしれません。

第一章でも述べたように、人間関係をスムーズにするには、いち早く相手とのComfortableな（心地よく適切な）距離感を感じ取ることです。

お互いが、心地よい距離感を感じ取ったときに気が合う仲間になったり、仕事のパートナーになったりします。もちろん、ひとり、ひとり適切な距離感は違います。その各々の距離感をいち早く感じ取る力こそ、常識力と呼べるでしょう。

投資銀行の主なビジネスである株式の引き受けやM&Aのアドバイザー業務は、バンカーにとっては一プロジェクトでも、当該会社にとっては、会社の生死を決める大プロジェクトです。

ですから、どの投資銀行・証券会社に依頼するかは大変重要な決定なのです。

例えば、私はお客様の会社の重役が海外で投資家回りをするというので、ロンドンやニューヨークまで行って、一緒に食事して、会話だけをして日本にとんぼ返りするということが多々ありました。

日本では時間がなくても、海外では重役さんも時間があったりしますから、ある意味ではコミュニケーションをとるチャンスです。

投資銀行や証券会社は無数にあります。お客様は当然、たくさんの証券会社の人たちに会っているはずですが、わざわざ食事や会話をするためだけに、ロンドンやニューヨークまで飛んでいくバンカーがどれだけいるでしょうか。

そういう場では、日本の証券会社や銀行がこれまで経験したことのないような修羅場や経験談をお話しして、それをどうやってアカデミックなアプローチとネットワーク、そして泥臭い動きで解決してきたか、ということを少しずつお話しするのです。

そういう情報をわざわざ海外まできて話をするのですから、「こいつの会社はいろいろなことをやっているんだな」という印象付けになります。

そして、「次に機会があったら相談してみようかな」という気になってもらえたら、仕事がとれる確率はぐんと上がるはずです。

ですから、投資銀行で仕事を取れるか否かは、会社の力四〇%、担当バンカーの力六〇％ではないかと思います。

では、担当バンカーの力とは、何でしょう？

それはまず、第一に顧客との人間関係です。

二番目に自分の会社のリソース（人的資源）を最大限に引き出す力です。

モルガン・スタンレーのＣＥＯの例を持ち出すまでもなく、仕事の取れるバンカーは、常識力のあるバンカーと言っていいでしょう。

そういった人は、どんなに忙しいときでも、若い社員や専門分野の社員など、他の社員のサポートを容易に得ることができます。なぜなら、一人ひとりとの適切な距離感を持っているからです。

仕事のできる人というのは、ほとんどの人がそういう能力を持っています。

大きな仕事になればなるほど、自分ひとりではできません。どんなに営業センスが優れていても、そのプロジェクトに皆が協力してくれなくては、結果が残せないものです。

投資銀行の若手社員は、先述したように、二十四時間体制で働きますし、ＭＤクラスの上司などの指示は絶対です。しかし、当然人間ですから、喜んで協力したい上司と、嫌々ながらも協力せざるを得ない上司がいます。

当然、結果が出るのは前者ですし、結果が出れば次のプロジェクトにも人が集まるという好循環を生んでいきます。

後述しますが、仕事を売り込むというのは自分を売り込むのと同時に、自分の会社のリソース（人的資源）を売り込んでいるわけですから、会社の人間の協力なしには成し遂げられません。また、お客様はその人のリソースを引き出す力を見ていると考えるべきなのです。

ですから、人間関係を保つ常識力を持たない人が、仕事の上で成功するなんてことは、とてもあり得ないと思っています。

これは、仕事だけではありません。

家庭での夫婦間との距離感、遠く離れてしまった家族や親せきとの距離感、大きくなった子供との距離感、久しぶりに会った学生時代の友人との距離感などとても微妙な人間関係の中にわれわれは生きています。

そして、常識力を体得している人ほど、スムーズな人間関係を保っているといえるでしょう。

第3章

何事にもチャレンジ

何事にもチャレンジ

「泣こよか ひっ跳べ」の精神で

私は、一九五七（昭和三十二）年鹿児島県鹿屋市で生まれました。鹿児島の中でも大隅半島という、まあ日本の〝地方〟の典型のようなところで育ちました。鹿児島といっても、大隅半島というところは、文化的には薩摩と宮崎が融合したようなところです。鹿屋からは一時間も車を運転すると宮崎県に行けますが、鹿児島市に行くにはフェリーに乗って錦江湾を渡らねばならず、一時間半から二時間もかかってしまいます。私はフェリーの船上で食べるうどんが大好きで、桜島を眺めながら、よく物思いに耽ったものでした。

今はNHKの大河ドラマ「篤姫」ブームで鹿児島県が注目されていますが、大隅半島は明治初期の最初の廃藩置県では都城県と呼ばれ、その中心はいまの宮崎県都城市

一歳の頃、鹿屋市内の高須海岸にて

三歳の頃、自宅にて

ということでした。

ですから、自ずから別の文化圏が形成されたといえるでしょう。

もちろん、言葉は鹿児島弁で他の地方の人にはとても難しくて分かりにくい言葉です。今の若い人はテレビなどの影響であまり方言を使わなくなりましたが、今でもお年寄りの方々の言葉は、鹿児島にいる私でもわからないことがあります。

しかし、この鹿児島弁に情緒を感じるのは私だけではないと思います。

とくにいくつかの言葉は、高校の古典で習った古語と同じで、感動した覚えがあります。一説では、源平の争いに敗れた平家の人々が移り住んだせいで、このような言葉が残っているとも言われています。

大隅半島の高台から見える海岸線の美しさは、貴重な財産といえるでしょう。開聞岳に沈む夕陽を見ながら、右手に煙を吐く桜島を置き、黒豚や新鮮な野菜、採りたての魚をツマミに飲む焼酎の味といったら、生きていて良かったと思う幸せの一瞬です。

鹿児島では、昔からこんなことを言われていました。

「泣こかい、跳ぼかい、泣こよか ひっ跳べ」

つまり、やろうかやるまいか迷った時はとにかくやってみろ、ということです。

昔から、私は何にでも手を出してみる少年（やんちゃ坊主）でした。

幼稚園は二回移り、三つ行きました。小さいときから、水泳、柔道、野球、ピアノ、合唱団、吹奏楽などに興じました。

中学に入学した一九七〇年は、ちょうど大阪で万国博覧会が開催された年でした。私も大阪まで足を運んだのですが、このとき初めて大都会に行きました。これからの日本の成長の息吹を肌で感じることができたのは、非常に大きな経験でした。

そして高校・大学になるとロックバンド、ラグビー、マージャン、将棋など、いろいろなことに興味を持ちました。やりたいことは何でも一度やってみなくては気が済まなかったのです。

母校の鹿屋高校は八十余年の伝統があり、「三星会」という同窓会などを通じて、今でも多くの友人やＯＢとお付き合いさせてもらっています。中でも、高校時代に熱中したラグビー部の仲間たちとは本当に深い付き合いになりました。

ラグビーには一つの格言のようなものがあります。

「One for all . All for one.（一人は皆のために、皆は一人のために）」

ラグビーは、自分自身の肉体を鍛え上げるだけでなく、仲間との連帯感を感じることができます。チームメイトや相手選手を尊敬することや、様々な困難を乗り越えていく強い意志を持つことなど、多くのことを学びました。この精神は社会に出てからも通じる精神なのだと感じています。

私が何でも経験したがる性格になったのは、家族の影響が強いと思われます。父親は、県会議員で、四年に一回は選挙をしていましたし、母親は、料亭を経営していたので、ほとんど放置されていましたが、それをいいことに、好き放題やっていました。でも、これが自分の人生にとって役に立ったような気がします。

いろんな人との出会いを少年時代から重ねたおかげで、少しずつですが、なんとなく相手によって心地よい距離感を感じ取ることができるようになりました。何にでもチャレンジするという鹿児島県人の「泣こよか　ひっ跳べ」精神は、これからも大事にしたいと思っています。

父から学んだ二つのこと

父親は、地方の県会議員をやりながらも、親しい人以外との付き合いは苦手だった

鹿屋高校ラグビー部の仲間たち（中列右から二人目が著者）

ような気がします。

逆に、母親は料亭をやっていたからか、意外にも父親より常識力も度胸も据わっていました。

姉は水泳をしており、中学時代、全国で三本の指に入るような高い運動神経の持ち主でした。

私も高校時代のラグビーなど様々なスポーツに取り組んできましたが、私はそこまでの運動神経はなく、姉と比較されるのは嫌でした。

父親の教育観は、いま思うと少々風変わりなものだったかもしれません。

私は両親から「勉強しろ」と言われたことが、ほとんどありません。とくに、父親からは一度も言われたことがないと記憶しています。

ただ、酒が入ると決まって二つのことを言い聞かされました。

まず一つは「人に迷惑をかけるな」ということです。

私に言わせると、父は面倒見が良かったかわりに、人にもいっぱい迷惑をかけていたので、子供の頃は、何となく父にこの言葉を言われると空しい気がしました。しかし、この言葉の持つ意味は深く、「自分が気付かなくても人はいつでも誰かに迷惑をかけていることを認識しなさい」ということを言いたいのだと私が感じたのは、ずいぶん後のことでした。

いま、この文章を書きながら、自分がいかにいろいろな人に迷惑をかけて生きてきたか、今更ながら感じ入ってしまいます。

もう一つが「武士は食わねど高楊枝」です。

二〇〇七年十一月にＰＨＰ研究所から発刊された『私を支えた言葉』という書籍の中で、私はこの言葉を座右の銘として書きました。

自分のことは後から、人のことを先にやるんだ、という言葉の意味は、いまだに理解できない部分があります。

何より自分がかわいいのは、人間誰だって同じです。人は皆、本来不幸な人や困った人を見逃すことはできないものなのだと、今でも信じています。

でも、それを積極的にできるか否かは、その人の置かれた環境に左右されます。人は最低限の衣・食・住が足りて、初めてこんな気持ちになれるのかもしれません。もちろん、本当に空腹でも人にパンを与えられる人もいますけれど。

ただ、昔はなんとなく「ええかっこしい」のように聞こえていましたが、何度も父が話してくれたこの言葉の意味が、わかってきたような気もします。

社会人として学んだこと

大学を卒業し、最初に就職したのが山一證券でした。

当時はまだ一橋大学から証券会社に就職する人間は少なく、友人のほとんどが都市銀行、保険会社、大手商社に就職しました。私も、大学時代の一時期をアメリカで過ごしたこともあり、国際的な仕事をしたくて、商社への就職を希望していました。

ところが、商社の面接の結果を待っていた時に、何気なく面接に行った山一證券で、当時の企画担当役員からこんなことを言われました。

「商社に行ったって、行きたい所に行けるわけじゃなし、第一、英語ができたって英語圏に行かしてくれるって約束でもしたのかい？　それに比べて、証券会社の国際業務といえばニューヨーク、ロンドン、チューリッヒなどの先進国が中心で、相手のビジネスマンはみんな英語が話せるから安心だ。それに、日本が資本主義である限り証券会社はなくならないんだよ」

私は、この一言で就職を決めてしまいました。

でも、その十六年後、山一證券は自主廃業してしまったのです。このニュースを聞いた時、「証券会社は、なくならない」けど、自分の会社はなくなったという、ブラックジョークのような気がしたのを覚えています。

ただ、今になって振り返ってみると、山一證券での経験は、私のその後の人生に大きな影響を与えてくれました。私の社会人としての学校のような存在です。

山一證券に入ると、初めは国際金融部という部署に配属されました。

そこは、アメリカやイギリス、スイスの銀行・証券と仕事をする部署でした。しかも、お客様は、日本の上場企業の経営陣です。二十三、四歳で、生意気にも50億円や100億円もの大金を動かすのですから面白いに決まっています。私は元来の常識力を発揮しながら、親のような年代の重役に取り入り、バリバリ仕事をしたものでした。

入社当時、役員クラスの人たちは相場の世界にどっぷり浸かったような人ばかりでした。その一方で欧米流の近代コーポレートファイナンスという考え方を導入しなければならないと考えて、MBA（経営学修士号）を取得する若手社員がたくさん増えていった時代でもありました。

どんどん新しいことを吸収していく先輩たちの姿は、私にとってとてもまぶしく見えました。それで感化されてしまい、私は先輩方が知らない知識で、更に新しい知識を勉強したい、と考えるようになりました。

そこで当時まだポピュラーではなかったパソコンの使い方を学ぼうと考え、パソコン教室へ通って勉強をしました。そして、パソコンの技能を駆使して、山一證券で初めて上司と二人でスワップ取引というものを始めたのです。

スワップとは、もともとは交換するという意味の言葉です。

スワップ取引とは金融派生商品の一つであり、当事者どうしの二者間で等価と思われる「将来のキャッシュフロー（現金収支）」を交換する取引のことです。今でいうデリバティブの一つです。

M&Aのような情の入り混じる世界ではなく、こういう数字で割り切れる仕事が、当時の私には非常に面白かった。ほとんどの上司が分からず、下っ端の自分だけができるという自己満足がありました。

一方で、不安を感じたこともありました。

テクノロジーとはどんどん進化するものですから、いくら最先端の現場にいても自分が追いつけなくなるときが将来必ずやってくる。自分も近い将来、若い社員の考えやテクノロジーについていけなくなると思ったのです。

そういう意味で、M&Aなどの仕事も勉強しなければならないという必要性を感じたものでした。

というのも、M&Aは会社の合併・買収ですから、合併する側とされる側、その両方の立場の会社に、社長以下の役員がいて、多くの従業員がいます。また、当該会社の従業員だけでなく、従業員の家族や取引先、株主など、多くのステークホルダーがいます。言うまでも無く、企業は人で成り立っています。その会社に関わっている人の数だけ思いがあります。私がM＆Aは情の入る世界だと言ったのは、そういうことなのです。


そして、二十六歳で憧れのロンドンへ赴任しました。

ロンドンは、シティといって、当時は「生き馬の目を抜く」金融街と言われていました。でも、私はそんなプレッシャーを感じることもなく、ヨーロッパやアメリカの企業や国営企業の資金調達をお手伝いする毎日でした。

ロンドン時代の生活は、日本で働いていたときとはうって変わってデスクワークが中心でした。

日本人は何となく自分の目で見て、会って話をしないと人を信用できないようなところがありますが、ロンドンでは北欧やヨーロッパ大陸各国との取引が多かったためか、相手先の担当者に会うこともなく、電話とFAX、テレックス（当時はまだEメールがなかったのです）でのやり取りが主体でした。

電話とＦＡＸ、テレックスで２００億円、３００億円の取引を一瞬に行うことに、緊張感と不安を覚えたことを記憶しています。

ロンドン生活で苦労したのは英語でした。

私のアシスタントは「コックニー」という、ロンドンの下町特有の訛りが強い人でした。そのため、アメリカ英語に慣れていた私は、しばしば同僚のイギリス人に通訳してもらうという滑稽な状況でした。

しかし、最も難しかったことは、イギリス人との適度な人間関係を築くことでした。

日本人となら、比較的容易に相手との距離感を測れたのですが、英国人との間では適度な距離感を、なかなか感じとることができませんでした。言葉や文化などの違いから、相手の意図を汲むのが遅れ、適度な距離感というものを判断することが難しかったような気がします。

ただ、その後、ロンドンを離れた後でも、何人かの英国人の同僚とは友人関係を続けていましたし、私が山一ロンドンを退社するときも、何人もの英国人が涙を流してくれました。ひょっとすると、自分でも気がつかないうちに、自分なりの常識力を発揮していたのかもしれません。

ちなみにロンドンでは、日本食を含め、あまり美味しい食事に出会えなかったことを、今でもよく覚えています。


ともあれ、ここで学んだものが、私のその後の二十年間を決めたと言ってもいいでしょう。

とにかく、仕事が面白い。アイデア次第で、国や大企業が自分の会社の顧客になってくれるのです。しかも、規模は最低でも100億円、場合によっては300億円といった案件だったのですから。

マクロ経済と金利の関係、インフレ率によるキャッシュフローの是正、裁定取引など学ぶことは山ほどあったし、新しいものを学ぶとそれを使ったアイデアを考え、提案する。それをお客様が採用してくれるとわかったときには、ビビッと頭に電気が走ったものでした。

ところが、先ほど触れましたように、テクノロジーは時々刻々と変化していきますから、数字で割り切れない世界での仕事を勉強する必要性を感じて、アメリカの経営大学院（ビジネススクール）に行きたいと考えるようになりました。

幸い、山一證券社内の留学生試験では合格レベルの点数を取っていました。ところが、留学の申請をしたところ却下されたので、人事部とケンカ別れのようにして会社を辞めてしまいました。

でも、いざ辞めるという時が来ると、今まで自分を育ててくれた先輩や同期の連中の顔が浮かんできて、涙が出てしまいました。しかも、イギリス人のアシスタントの女の子がプレゼントを持ってきて、頬にキスをしてくれたときには、やっぱり辞めるのを止めようかなと思ったくらいでした。

わたしの信条

このときからです。自分の将来は、自分でしか切り拓くことができないと考え出したのは。当たり前のことですけど。

ところが、日本に帰ってくると、意外にも山一證券の東京本社で私が担当していた企業の財務責任者の多くが、私の話に興味を持ってくれました。ヨーロッパ企業の話、新しい形のファイナンス（資金調達）の話など……。日本企業の財務や企画の担当者が、いかに新しい情報に飢えていたか分かりました。

そして、こう言ってくれたのです。

「これまで日本の銀行や証券会社としか付き合いが無かったけれど、今後は外資系とも付き合ってみたい」

もちろん、そのような言葉をもらっても、すぐにビジネスに繋がるわけではありません。

しかし、話を聞いてもらえないことには何の進歩も望めないわけですから、心底うれしかったのを今も鮮明に覚えています。

自分の道は、自分でしか拓けないけど、一生懸命に誠実に接したお客様は、必ず温かく迎えてくれることがわかりました。

それ以来、いろいろなインタビューで「仕事を成功させるコツは何ですか」と聞かれたときには、「絶対に裏切らないことと、嘘をつかないこと」と答えるようになりました。仕事を成功させるには、常識力に基づいた誠実さが大事なのです。

なぜなら、最初に小さな嘘やごまかしで仕事を取ると、必ずつじつまが合わなくなり、大きな取引は成立しません。そして、お客様は裏切らなければ、いつか必ずお返しをしてくれるものなのです。

私は、今でもこれが成功の秘訣だと信じています。

人は誰でもそうだと思いますが、自分が面白い、楽しいと思うことを、自分がやりたいようにやれる会社で働きたいものです。それが自分の能力を最大限に発揮できる場なのです。

つまり、自分の能力が活かせる職場とは、自分のやり方を認めてくれる会社です。

しかし、その会社のトップによっても、その部署の上司によっても、仕事の目的や方法が変わってきます。自分を押し殺して、組織のやり方に無理やり合わせようとすると、必ず無理がでます。無理が出ると、本来の能力は発揮できません。

今でも、私の転職の原因のほとんどは、私が変わったのではなく、会社が変わってしまったからだと、自分なりに納得しています。

日本の企業で働いていると、この仕事が面白いと思えているときに限って「君は明日から○○支店に行ってくれ」と言われたりもします。また、大企業にはどこでも特有の派閥のようなものがあって、派閥から見ての反乱分子（企業全体としては必要な存在であっても）に対しては「あいつは××支社に飛ばしておこう」などということがあったりもします。

そういうことが外資系企業ではないと思っていましたし、そこはまさに弱肉強食の世界だと信じていました。五年勝負で、五年間働いてダメだったらクビになってもいい。クビになっても、またゼロから始めればいいんだ。そういうことも考えて転職を決意したのです。

ただ、実際にはどこでも派閥や仲良しクラブはあるもので、いま思うと、当初の理想とはやや違うところもあったのかもしれませんけど。

第4章

己の力を信じて

己の力を信じて

外資系投資銀行で学んだこと

一九八六年、二十七歳の誕生日の直前に、ロンドンで米国の投資銀行であるモルガン・スタンレーに転職しました。

そこから、ニューヨークを経て、同年末には東京に帰り、モルガン・スタンレー東京支店に勤務。外資系バンカーとしての生活が始まりました。

アメリカの会社に入って、ずいぶん文化的な違いを感じました。

例えば、朝の会議です。

日本の会社では白い歯を見せただけで不謹慎と言われそうな雰囲気だったのに、モルガン・スタンレーの朝の会議では、ガムを噛んでいる人やジョークを言う人、さらにはドーナッツを朝食代わりに食べながら会議に参加する人など、その自由な雰囲気にカルチャーショックを受けました。

とくに会議中にジョークで大笑いをするなんて、考えもしませんでした。

そして当然ですけど、ファーストネームで呼んだり、「○○さん」と呼んだりすることが多くなりますから、相手のタイトル（肩書き）がわからないことがよくありました。しかも、やたら若くてタイトルの高い人や、それなりの年齢の人でも低いタイトルの人など、私の頭の中は混乱状態でした。

逆にタイトルをつけて呼ばない分、どんな人にも「○○さん」と呼ぶことができた分、気持ちは楽でした。日本の会社では、部長や課長といった肩書きを名前の後につけて呼び、間違えると怒られます。それを考えると、呼び方に気をつかわなくてもよかったのです。

ちなみに私は「Shin（しん）」と呼ばれていました。

モルガン・スタンレーに入社した当時、日本人は世界で一番よく働く国民だと言われていましたが、これはとんでもない話だと実感したものです。

投資銀行で働く人は人種に関係なく、よく働く人ばかりでした。

夜中だろうが、休暇中だろうが、関係なく電話会議に参加させられましたし、それが業界の常識でした。

夜十二時に会社に電話をしても、ほとんどの社員が会社に残っているのが普通でしたが、自分の仕事が終わったら、他の人が残っていようがいまいが、さっさと帰るという、ある意味で、私にとっては天国のような、気を使わない場所だったのを覚えています。

会議はもちろん英語です。山一證券時代、国際派を自認していた私は、一夜にして国内派のレッテルを貼られました。

なぜなら、米国の大学院を卒業していないアソシエートなんて私ぐらいのもので、あとの投資銀行マンは若手の二、三人を除いて全員、アメリカの法学修士号か経営学修士号を持っていたのです。でも、私は「そんなの関係ねえ」という意気込みで、チャレンジ精神を発揮しながら、外資系投資銀行マンの生活を始めたのです。

あるとき、上司がこう言いました。

「あのね、新日本製鐵や三菱重工業みたいな大企業が僕らのお客様だけど、そんな大会社にはもう担当者がいるから、君は勝手に会社四季報でもめくって、適当に新しい顧客をつくってください。少々の接待費は使ってもいいから、大きな取引をまとめてください」

つまり、金をかけてもいいから、それ以上の収益になるような大きな仕事を取ってこい、ということです。

私は、会社四季報を適当に開いては電話をかけ、財務部長や財務担当役員へのアポイントを取りまくりました。接待費の使い方が少なすぎると、怒られたことさえありました。

でも、ここで最初の壁にぶつかります。

今でこそモルガン・スタンレーやゴールドマン・サックス、メリルリンチといえば日本でも有名になりましたが、当時、日本企業の財務マンのほとんどが外資系投資銀行の存在自体を知りませんでした。

これまで、山一證券の名前で電話をかけると、初めての会社でもほとんどの会社の人が会ってくれたのに、モルガンの名前だとなかなか会ってもらえません。

今までの自分は、「網屋」ではなくて「山一の網屋」だったことを思い知らされました。

山一證券時代の話ですが、私が入社してまだ三年目ぐらいの頃、印象的な出来事がありました。

私がある会社でプレゼン（提案活動）をしていると、私の話がよほど退屈だったのか、お客様の担当者が途中で眠ってしまいました。ところが、「これは仕事にならないな」と思って諦めて帰ってきた翌日に、その仕事をいただいたのです。

それはなぜか。おそらく山一證券の役員とその会社の役員との間で、初めから話ができていたとしか私には思えません。ですから、私が話をするのは単なる儀式のようなものだったのです。

多くの会社の中には、担当者に会うこともできず、「うちはA社とB社しか会いません」「うちはA社とB社以外は使いません」と言われるケースもあります。それでも、九州から北海道まで「会ってもいいよ」と言ってくれた会社には、私はどこへでも出かけて行ったものでした。

私が外資系の会社に入って一番驚いたことは、人事評価をスタッフみんなでやることでした。要するに、課長や部長一人がみんなの評価をするのではなく、一緒の部署で働くスタッフ全員の評価に基づいて、一人の評価を決めていくのです。

例えば、十人のプロジェクトチームであれば、一番下の社員を除いた九人で一社員の評価をしていく。そして、今度は下から二番目の社員を除いた八人で評価をしていくのです。指導力、チームワーク、積極性、情熱……。評価のポイントはいくつもありました。

最近は、日本の企業でもこのような評価制度を採用しているところが多くなってきました。私は社員に、五段階評価ならできるだけ三や四をつけないで、二か五にしてくれと言っていました。それならば、長所短所がはっきり表れるので、本人に見せたときに分かりやすくなります。

みんなの総合評価が何点だから、今年のボーナスはこれぐらいで、それに実績が加味されて給料はこうだと説明をする。そうすると客観的な判断だから反論できませんし、本人も納得しやすいのです。

日本の企業では一般的に一、二名の上司が部下の評価を決めています。そこには当然、上司の主観や好き嫌いが含まれてきます。そうなると不公平が生じますし、こうした人事評価のあり方は変えていかないといけないと思います。

英国の金融ビッグバンを目の当たりにして

思えば一年目は、ほとんど仕事が取れず頭を抱えていました。しかし、何人かの親しいお客様もできました。

二年目は、ちょっと戦略を変えて、日本の証券会社に「他社の幹事会社を一緒に攻めませんか」と働きかけました。日本の証券会社の知名度とモルガン・スタンレーのアイデア力と海外での力を合わせると仕事が取れると思ったからです。

この考えは、結構当たりました。

当時、ワラント債（新株引受権付社債）という商品が資金調達手段として流行っていたのですが、何件かの共同主幹事を獲得し、手数料収入もぐんぐん伸びました。

そして、今度はそこで親しくなった会社に、日本の金融機関が持っていないM&Aの情報やノウハウを売り込んだのです。

もちろん、私は当時M&Aの専門家でも何でもありませんし、日本ではまだ新しいビジネスでしたが、モルガン・スタンレーはアメリカだけでなく日本にもこの分野の専門家を置いていました。そして、日本におけるフランチャイズ（親しい顧客層）がだんだんとできてきました。

この頃、日本はバブルの絶頂期を迎え、先を争って海外投資が始まっていました。そこで、モルガン・スタンレーではM&Aだけでなく、海外不動産や投資ファンドの販売にも力を入れ始め、次々とアメリカから人を送ってきました。海外不動産は当時、バンバン売れました。しかも、何十億円、何百億円単位で売れました。

西武がInter Continental Hotelを購入したり、三菱地所がマンハッタンのビルを買ったのもこのころでした。

しかし、そこに日本のバブル経済の崩壊がやってきました。

株式市場は暴落、不動産価格も下がり始めました。モルガン・スタンレーの外国人トレーダーたちは、素早く戦略を変え、裁定取引という分野に力を入れ始めました。その取引は莫大な利益を出すことができるのですが、私のような顧客向けのバンカーとは、ある意味で対立する取引でした。

私は、迷った挙句、英国のSGウォーバーグというマーチャントバンク（米国の投資銀行みたいなもの）に転職しました。ところが、ここでもまたモルガン・スタンレーに入ったときと同じ壁がありました。

ウォーバーグといえば、世界的に業界では知らない人のいない英国有数のマーチャントバンクでしたが、日本では知る人ぞ知るというマニア向けの会社だったのです。

またもや、新興宗教の布教活動のような日々が続きました。

しかし、ここでも内部対立がありました。いわゆる英国のビッグバン（一九八六年に実施された英国証券市場制度の大改革）と呼ばれる金融自由化政策によって、投資銀行とブローカーが合併したために派閥争いが起こったのです。

その結果、この会社はスイスのＵＢＳという銀行に買収されることになります。

ここで、ビッグバンについて触れておきましょう。

ビッグバンというのは、イギリスにおける金融自由化政策のことです。サッチャー首相時代に、それまでの「ゆりかごから墓場まで」の高福祉政策を見直し、「小さな政府」を標榜して、規制を緩和し、減税とともに国営企業の民営化や金融の自由化が進められました。

それまでの英国では高福祉の代償として、所得税や法人税で高い税率をキープしてきました。

一時は所得税で最高税率が約八〇％まで上がったこともありました。その結果、お金持ちがイギリスから出て行ってしまったのです。

これは、まさに政治家の常識力の欠如だったと思います。

先述しましたが、お金に国境はありません。

国が日本の江戸時代のように鎖国でもすれば別ですが、そうでない限り、金融政策や税制がいびつになってしまうと国民は働く意欲をなくしたり、国外に脱出したりしてしまいます。

日本の場合は、言葉や文化の問題であまりそういったことが起こりませんが、イギリスの場合は、数多くの英語圏国や文化的に近い米国やオーストラリアなどへの国外脱出が数多く見られるようになり、大幅に税収を下げる結果になっていました。

そこで、政権を取り戻した保守党のサッチャー首相は「小さな政府」を目指して、大鉈を振るったというわけです。

その結果、ロンドンの世界的金融街シティの伝統的マーチャントバンクは、ほとんどが外国資本に呑みこまれ、その傘下となってしまいました（いわゆる〝ウィンブルドン現象〟です）。しかし、だからといって金融ビジネスが衰退したわけではありません。むしろ、ビッグバン以前より、その活動は活発になったといえるでしょう。

国内資本の会社にこだわることの方が時代遅れなのです。

経済政策や税制の目指すものは何か。

それは、ただ古いものを守るだけではなく、自由な資本の中での経済の活性化です。そういった意味では、イギリスのビッグバンは成功例と呼べるかもしれません。

これに対し、日本の金融の自由化は掛け声ばかりで、実行が伴わず、大幅に遅れてしまいました。

多くの銀行がバブルの崩壊によって大量の不良債権を抱えても、なかなかその処理に取り組もうとせず、相場頼みの政策が続きました。その結果、いくつもの銀行が淘汰され、一部は外資の傘下に入り、残りの銀行も合併によって生き永らえました
ちなみに、私が大学を卒業した一九八一年当時あった都市銀行、長期信用銀行は、その後の二十年間で全て名前が変わってしまいました。

長い間、旧大蔵省の「護送船団」に守られた会社が、急に荒波の中に出て行かされたのだから、ある意味で仕方が無かったのかもしれませんが、官僚統治の典型的な失敗例であると言わざるをえません。

結果的には経営者のみが裁かれ、指導、監督していた官僚の人たちは、何一つ責任

をとることなく天下っていくという構図に憤りを感じるのは、私だけではないはずです。

三十五歳でのチャレンジ

この頃、私は、ちょっと仕事に嫌気がさしていました。

そんなある日、私の家に高校の同級生から一本の電話が入りました。

「鹿屋市の市長選に出ないか。若手の経営者たちが、新しい風を待っているぞ」というかっこいい話に乗ってしまったのです。

結果から言えば、落選です。

落選したのも、いま思えば当然かもしれません。

なぜなら、たったの三カ月で地方のこれまでの利権の構造を打ち砕くには、強力な支援者と市民の意識の高揚が欠かせません。

一九九三年当時、私はまだ三十五歳。三十五歳というのは、東京では中堅バンカーとしての自負もあったのですが、田舎ではハナタレ小僧です。ある意味で、この選挙は世代間戦争だったのです。

選挙戦が始まると、いろいろなことが見えてきました。ただ、後援会を始め、市民の中でも心ある人々の絶大なる支援を頂いたことも事実ですし、その人たちには、今でも本当に感謝しています。

落選の本当の原因は、自分の心の中にあることを後になって気付きました。

私はある意味、「ボランティア」で選挙に出たのかもしれません。相手は背水の陣で、市内の有力者や利益団体をことごとくバックに付けていましたから、私の「ボランティア選挙」では太刀打ちできませんでした。

しかし、この選挙では、いろんなことを学びました。

落選して三、四カ月、あいさつ回りをしていたときのことです。ある街の商店経営者がこんなことをおっしゃいました。

「網屋さん、この地のことを見捨てないで、また帰ってきてくださいね」

この言葉は、それ以来、ずっと私の心の中に生きていました。

しかしながら、私も霞を食べて生きているわけではありません。

自分の経済状況を立て直すためにも、再び東京に戻り、ＳＧウォーバーグでの仕事の整理をし、一九九四年から米国最大の証券会社メリルリンチに入社することになりました。

メリルリンチでは、最初の半年間、何にも仕事の成果を上げることなく、昔のお客様や話題の会社を訪問して、担当者と食事をしたり、経営論議をしたり、ゴルフをしたりと毎日とにかく人と会うことだけに専念しました。と同時に、日本のメリルリンチの改革案を作成し、ニューヨークの経営陣に提案したりしていました。

でも、この時期が成功の基だったとわかるのは、もっと後のことでした。

私は、モルガン時代から、知らない会社に電話をかけて訪問するのは得意だったので、アメリカやヨーロッパで面白い情報や取引実績があると、すぐに同業の日本企業に電話をして、提案に行きました。

これはいわゆる無駄玉なんですが、そのうち日本のお客様から「こんな会社を探してほしい」とか「アメリカの××という会社が売りに出ると聞いたから調べてほしい」などの依頼を受けるようになりました。

でも、一向に成果は上がりませんでした。

ある時、大手小売業の財務状況が厳しく、財務のリストラクチャリングを銀行から迫られているとの話を聞きました。

私は、ちょっと面白いアイデアがあったので、その会社の部長に提案に行きました。話は聞いてくれましたが、その後なしのつぶてでした。

そのうち、その会社の財務リストラの話が新聞に載るようになりました。しかし、会社からは私のアイデアに対して何の連絡もありません。

そこで、私は代表番号に電話をかけ、直接オーナーの会長に会いたいとお願いしました。結果、常務が対応され、何回かお会いするうちに、大きな子会社の売却のアドバイザーという仕事をいただき、10億円を超える手数料収入を得ることができました。

その後の取引は、実はほとんどメリルリンチに入りたてのときに一緒に食事をしたり、酒を飲みながら経営論義をしたりした、お客様からのものでした。相手も、私との人間関係の距離感を測っていたのだと思います。でも、このときには、もう山一證券の網屋でも、メリルリンチの網屋でもなくなっていたのかもしれません。

繰り返しますが、大きな取引は一人ではできません。チームワークが全てです。チームの崩壊は、すべての崩壊につながると思って、私はとにかく若手のバンカーと一緒に時間を費やすことに努めました。

私は二〇〇三年からメリルリンチの投資銀行本部長として、日本企業のコーポレートファイナンスやM&A部隊を率いることになりました。

投資銀行本部長という立場は、自分のことだけでなく、若手の育成やロイヤリティー（忠誠心）の向上を第一に考えなければなりません。そのとき頭の中をよぎったのは、モルガン・スタンレー時代のCEOのことでした。

つまり、自分がアソシエートのときに感じたロイヤリティーを、このチームの人々に植え付けるためには、若手の一人ひとりと適切な距離感を持つことが大事だと考えたのです。

ここで、外資系投資銀行のシステムを紹介しましょう。

まず、新入社員は部門ごとに採用され、基本的にはキャリア（幹部候補）だけを定期採用します。それ以外のスタッフは通常、必要に応じて採用されます。

まず大学卒を五人から十人採用するのですが、ここ数年の外資ブームで、応募者の数は二千から三千人に上ります。採用された大卒社員はアナリストと呼ばれ、本当に猛烈に働かせられます。

通常だと三年後に社員の見直しがされ、その中の三〇～六〇%が次のクラス（アソシエート）に進みます。残りの人は大学院に進学したり、別の道に進んでいくのです。

この時点で大学院卒の新規採用者と同等になります。ですから、アソシエートの同期には二十五、六歳の生え抜きと、三十歳過ぎの転職組が存在することになりますが、基本的に昇進と年齢は全く関係がありませんし、男女の別や国籍についても、何の利益、不利益もありません。

ただ、あえて言うなら、やはりメリルリンチの場合はアメリカの会社ですから、ある程度の英語力は必須条件になります。

アソシエートを四年経験すると、第一選抜組はヴァイス・プレジデント（ＶＰ）として、一応、一人前のバンカーとして認められます。この頃から、数字の目標やその他の責任（例えば、ある業界のスペシャリストとしての知識など）が求められます。

その後は、会社によっても違いますが、ディレクター、エグゼクティブ・ディレクター、シニア・ヴァイス・プレジデントなどと呼ばれ、営業や執行の最前線に立つというわけです。

更に、その中で優秀な成績を残した人が、マネジング・ディレクター（ＭＤ）として、業界担当のチームリーダーやプロジェクト遂行責任者になるのです。

私は当初、金融業界担当のＭＤとして、銀行、保険、ノンバンクなどのお客様と昼夜問わず、資金調達や株式の発行、Ｍ＆Ａなどの議論をしていました。

日本では、りそな銀行の政府からの資本注入や、東京三菱銀行とＵＦＪ銀行の合併、第一火災海上保険の破綻、相次ぐ損保の合併、ノンバンクの業界再編など、いろいろなことが起こりました。そんな中で、この仕事の特徴を挙げるとすれば、同じようなケースは一件もない、つまり、マニュアルを作れないということです。

どの会社も、どの銀行も別の問題を抱え、別の環境下にあり、別の人材がいるわけですから、そんなことは当たり前なのですが、仕事のマニュアルが一切無いということは、過去の経験則をふまえた独自の解決法を自分で見つけるしか、問題の解決はできないということです。

つまり、解決法は自分で見つけるという常識力なしには、取引の成立はないといってもいいでしょう。

ですから、この分野は、いつまで経っても徒弟制度のようなものが残っているのかもしれません。

上場企業の社長として得たもの

メリル時代は結果として、順調に階段を上ったと言えるのかもしれません。私は投資銀行本部の本部長をつとめた後、取締役になり、副会長をつとめました。

しかし、実態は苦悩の連続でした。

お客様との関係、若手バンカーとの関係、ニューヨークの経営陣との関係など二十四時間体制で働いていたような気がします。

仕事はとても充実していたのですが、あるとき仕事に刺激を感じることができなくなりました。

昔のように、そのうち一発当ててやる、というような発想ができなくなったのです。おそらく、口でどんなことを言っていても、経営者はつねに数字に追われているため、いつも目先のことにとらわれてしまうようになったのかもしれません。

仕事というのは、人と人とのつながりや信頼感で成り立っています。とくに投資銀行の仕事というのは、長い時間をかけていろいろな提案やコミュニケーションをとりながらお客様と仲良くなり、信頼を得ることが第一です。その結果として、数千億円規模のビッグ・ディールが入ると背筋がゾクッとして、何とも言えない快感を得るのです。

しかし、自分の立場が上になっていくと、大きなプロジェクトを獲得したときでも、自分が担当者として仕事を取ってきたときのような、最初の感動が薄れてきて、あまり興奮しなくなりました。

結局、ポジションが上になってしまうと、相手先の人も役員クラスの方としか会わなくなってきますから、プロジェクトの役割として私はほんの一部分になったということなのです。自分のディールという感じがしないから、「やったー」という気持ちにならないのです。

そういう感情を求めてはいけないポジションなのかもしれませんが、私はだんだんこのポジションで働くことにロマンを感じなくなってきました。

仕事にロマンを感じなくなったとき、その仕事を辞めようと思っていました。

そんなとき、ニッシンというノンバンクの社長で、私の顧客の一人である嵜岡邦彦氏から、「自分の会社の経営をやってほしい」と声を掛けてもらいました。私はそれまで、この会社のニューヨーク証券取引所への上場や資本調達のお手伝いをさせて頂いておりました。

ですから私の中では、嵜岡氏は気持ちの上で一業者と一顧客以上の関係になっていたのかもしれません。おそらく、彼もそう思っていたのでしょう。お互いの人間関係は、適度な緊張感と適度な安心感に充ちていたような気がします。

当時、嵜岡氏は社長、先代の創始者が会長という構図でした。

嵜岡氏は、「会長には私から話をするので、ぜひ考えてくれないか」と言ってくれました。

私は、これまで数多くの上場企業のアドバイザーとして、いろいろな取引に関わってきました。こうした会社は買ってはダメだ、こういう会社なら買ったほうがいい、M&Aが必要だ……。そうしたアドバイザーを二十数年間やってきたわけです。

しかし、所詮はアドバイザーです。アドバイスをする側と、実際に実行する側では全然違った感覚を持つでしょう。しかも、自分で上場会社を経営してみたいという願望は、ほとんどのバンカーにあると思います。

そして、ニッシン（現ＮＩＳグループ）のお手伝いをすることを決断しました。

二〇〇六年六月の株主総会で、新社名ＮＩＳグループ株式会社の代表取締役社長に就任したのです。

それからというもの、国内外五十カ所の支店を全部訪問し、また、本社、子会社のほとんどの社員と宴会をし、言葉を交わしました。なぜなら、当時の社員は私のことを外資系から来た首切りマシンか、エイリアンと思っていたようなのです。

でも、ほとんどの社員とは初対面ですから、お互いにとって心地よい距離感というのはまだ分かりません。そこで、つくろわず自分をさらけ出すことにしたのです。

私にとっては何気ない一言でも、社員にとっては社長の一言です。何を言っても重みが違います。ですから、私の仕事以外での姿を見せることで距離を縮めることにしました。

このとき、ふと私の頭の中をよぎったのは、再びモルガン・スタンレー時代のＣＥＯのことでした。

ＮＩＳに入ってから全国五十店舗の支店回りをしたときに、社員とのスムーズなコミュニケーションを図るため、当時凝っていたマジックをやったのですが、これが非常に役に立ちました。

「今度の社長はマジックをやるみたいだぞ」というような話が各支店に噂で広まっていたので、私が次の支店に行くと、「社長、そろそろマジックをやってください」などと言われたものでした。

マジックは接待や宴会の場では、いろいろ役に立つものです。

例えば、お客様と宴会をやったときに、中には、酔っ払って言い争いになったりする場面がよくあります。

そのとき、「まあ、まあ。ちょっと、このコインを見てください。ほーら、一つが二つになっちゃった」とか言うと、「エーッ」とか「なんで?」という具合に、その場が和むのです。

ですから、通常、私が宴会に行くときは、コインなどのネタを二つ、三つは持ち歩くようにしているのです。

十二、三人の会社ならともかく、国内外で一千人を超える社員と会うのは一苦労です。コミュニケーションのツールがあると、想像以上に社員との距離が縮まったと自

東京・赤坂で弾き語り。マジックやバンドなどの趣味がコミュニケーションには役に立っている

己満足しています。

外資系の会社に比べ、日本の会社はチームワークがより重視され、集団の力を発揮することが会社の業績の向上につながります。

私は会社へのロイヤリティーの向上が第一義と考えていました。ここでの経験は、リーダーシップとは何か、ということについて深く考えさせられたものです。

いずれにせよ、大勢のステークホルダー（社員、株主、債権者、顧客、役員などの関係者）の利害を調節し、その最大公約数を見つける作業は大変ではあるけれど、経営者として避けては通れない道であることがわかりました。

中国人の心意気

二〇〇七年四月、NISには百三十人の大学卒の新入社員が入社しました。そのうちの約四十人は、日本の大学を卒業したアジア人（うち三十人強が中国人）です。〇六年の新人でも約一〇%がアジア人ですが、全社員の営業成績でみるとトップテンのうち七人から八人がアジア人でした。

本来の目的は、NISが力を入れている中国を中心とするアジア事業の将来の担い手を雇用することなのですが、日本国内での成績が優秀なため、支店や営業部が離したがらないというのが現状です。

NISの中国事業は、中国人のスタッフが中心になって働いて、内資企業向けにリースなどを行っています。

多くの日本企業が中国へ進出していますが、ビジネスの相手先は、日本企業の中国現地法人がほとんどです。しかし、NISでは中国の内資企業を相手にビジネスを行っています。そこが大きな特徴です。

やはり、中国でビジネスをする上では、日本人の物差しで判断しても分からないことがありますし、現地のスタッフでないと分からないモノの見方というのがあるでしょうから、中国人スタッフを活用することによって、信頼感を構築していけるのだと思います。

日本人の新入社員と中国人の新入社員に違いがあるとすれば、どんなことがあるでしょうか。

それは、心意気とお金に対する執着心です。

「自分は、ファミリーを背負っている」「将来のために得られるものは何でも吸収する」といった意気込みが、中国人はことのほか強いような気がします。

ゴールドマン・サックスの資料では、中国のＧＤＰは年間で一〇％の勢いで上昇し、二〇一五年までに日本を追い越して、世界第二位になるといわれています。

ＮＩＳの中国リース事業は、倍々ゲームのような伸びを見せています。

中国でリース事業を行っていると、「最近は中国人のマインドが変わってきたなあ」と感じることがありました。

従来は、彼らは借りたものを返さないことがよくありました。それによって、多くの日本企業が代金を回収できず、痛い目にあいました。しかし、これだけＧＤＰが急速に伸びながらビジネスが拡大していくと、不履行（借りたお金の金利や元金を支払わないこと）よりは信用をつけて、もう少し大きなビジネスチャンスを掴む方がメリットがあると考え出したのです。

中国では二〇〇八年、北京オリンピックが開催されます。また、二年後の二〇一〇年には上海万博が開催されます。

先述したGDPの伸びに表れているように、「中国の成長はいつまで続くのだろう?」ということが、日本では盛んに議論されていますが、紆余曲折を経ながらも、私は上海万博の後も成長は続くのではないかとみています。

実は私がNISに来た当初は、そうは思っていませんでした。

アメリカでもロシアでも日本、韓国でもそうであったように、これはオリンピック前の特需、もしくは万博前の特需だと考えていて、オリンピックや万博が終われば、一気に引き潮になるだろうと考えていたのです。

しかし、私が実際に中国で仕事をして思ったことは、北京や上海といった大都市だけではなく、広州や大連、天津など中国全体にビジネスが拡大している、成長の息吹を感じることができるのです。

例えば、東京オリンピックは日本オリンピックでした。ソウルオリンピックは韓国オリンピックでした。しかし、北京オリンピックは中国オリンピックではないのです。北京はあくまで北京オリンピックなのです。

ですから、北京の経済が栄えるのは当たり前ですが、他の都市もオリンピックに関係なく栄えてきているのです。いまは都市部と地方の格差が相当ありますが、ひょっとすると、意外に早い時期に格差が縮まってくるかもしれません。

中国が北朝鮮などと違ってこれだけ成長できたのは、やはり人々が海外に出て学習をしてきたからだと思います。

日本の大学に留学したり、アメリカの企業で働いたりして、そこでいろいろなことを学んで帰ってきた人たちが、中国では中枢となって会社をつくったり、起業をし始めたからです。これが中国発展の原動力なんですね。

ところが、アンバランスなのは、経済はそうやって成長しているのに、政治は旧態依然として、言論統制などの制限をしたりしているため、生きていくのが窮屈になってしまうのです。

それなのに、なぜ皆、そんなに窮屈な中国へ帰っていくかというと、それはお金が儲かるからだと思います。

中国共産党がこの流れを断ち切った瞬間に、私は政治的な暴動が起こるような気がします。矛盾していますが、中国共産党が生き続けるには経済成長を続けるしかないのです。

中国がすごいのは安い人件費と、ものすごい消費の大きさが同居していることです。普通なら、消費が大きくなったら経済は成長しますから、人件費は上がっていきます。そのため生産拠点を国外で安いところを見つける。それでアメリカやイギリス、日本のように産業の空洞化を招いていくのですが、中国はそれが同居しているところがすごいと思います。

ですから、貧富の差や地域間格差など、中国が抱える問題はたくさんありますが、あの人一倍強い向上心と経済合理性の追求意欲がある限り、私は当面成長が続くと思います。

それに比べて、日本は、若者だけでなく司法、立法、行政ともに時代錯誤の保守化への道をたどっているように見えてなりません。ここ、一、二年のうちに中国の会社に買収される日本企業が続出することでしょう。

中国は、近くて遠い隣人ですが、中国なしに今の日本経済が成り立たないことは、どの企業の経営陣もわかっているはずです。

国際社会の一員として

私はこれまで会社の仕事以外にも、経済同友会のいくつかの委員会に参加したり、NPO法人「国際留学生協会」の相談役をつとめたり、テレビ番組に出演したり、いろいろな経験をさせてもらいました。

社会人としての主な仕事はもちろん経済活動、いわゆるお金儲けでしたが、それ以外にもいろいろな経験をさせてもらったことが、私の人生の中で非常にいい勉強になったと思っています。

NISのときに採用した多くのアジア系の学生さんから、いろいろな話を聞いていると、部屋を借りることができないとか、就職ができないとか、日本に来たときに生活上のいろいろな問題があるのだということが分かりました。

やはり、異国の地で生活するということは想像以上に神経を使いますし、日本では外国人留学生に対する環境整備が必ずしも十分ではなく、希望を持って日本にやってきた留学生が失望して母国に帰ってしまうというケースもあります。

私もアメリカに留学した経験があります。

外資系企業につとめる日本人社員の多くがアメリカなどで働いた経験があると思いますが、特別アメリカを嫌いになることはないと思います。むしろ好きになって帰ってくる人も多い。

やはり、日本が今後、国際社会の一員として存在しうるためには、日本に留学したいと思う人がたくさん出てくることが大事なのであって、それが結果として、政治的にも経済的にも日本のファンが増えることにつながるのです。

中国にしてもインドにしても今後、世界で存在感を増すと考えられる国はたくさんあります。ボーダーレス化が進んでいくと、今後は更に多くの国の人々と付き合わなくてはなりません。

そのためにも日本に留学に来た人が「日本っていい国だったな」と思って、本国に帰ってもらい、将来また日本に住みたいと思ってもらえることが大事なのだと思っています。

第5章

いま常識力が求められる人たちへ

いま常識力が求められる人たちへ

マスコミの在り方

私は、二〇〇六年三月まで日本テレビの「真相報道　バンキシャ！」という番組に何回かご意見番として出演していました。

テレビの番組制作者は、真剣に視聴率を上げるためにその時々の話題を検証し、視聴者の興味に応じて番組を作るのが使命ですから、熱くなることだってあります。でも、ここでも侵してはいけない目に見えないルールがあります。それを判断するのが、常識力です。

これ以上やりすぎると、視聴者の反発を食ってしまうギリギリの線はどこか。この落とし所を誤ると、捏造《ねつぞう》番組になってしまうのです。

ずいぶん前に「進め！　電波少年」という番組がありました。これを作ったのは、私の大学の一年先輩の方なのですが、これは、当時でいえば常識はずれの番組だったにも関わらず、結果としては高視聴率を取りました。

当時は、ここまでやっていいのか？　という議論もありましたが、番組制作の常識を破り、新しい常識を作ったという意味で画期的なのかもしれません。しかし、既存の枠組みの中で制作される報道番組やワイドショー（これも今や報道番組化しているみたいですが）の番組づくりについては常識力が必要です。

ただマスコミの中で最も常識力が求められるのは、何といっても新聞でしょう。

最近、こんなことがありました。

〇八年の年頭、新聞各紙が福田政権の支持率についてアンケート調査の結果を載せていましたが、その結果はほとんど同じで、三三％から三六％に少し上昇していました。

そのときにある新聞（仮にA新聞としましょう）には「福田内閣支持率はいまだ低迷」という見出しがおどり、別の新聞（B新聞）には「福田内閣支持率上昇」という見出しになっていました。

同じ数字なのに、この二つの新聞の見出し（しかも、一面トップ）に対する読者の捕らえ方は全く異なる可能性があります。

読む人にとってみれば、A紙を読めば「やっぱりダメなのかな?」という気になりますし、B紙を読めば「だんだん人気が出てきたのかな?」という気になります。

私は、毎日必ず総合紙二紙と日本経済新聞、そして地方紙の合計四紙を読み比べることにしていますので、事実関係をまだ客観的に理解できます。しかし、普通は一紙、多くても二紙ぐらいしか読まない人がほとんどです。そういう意味で、新聞を書く人には、本当のバランス力＝常識力が求められます。新聞がその客観性と常識力を失った時の影響を、作成者はもっと認識すべきだと思います。

記事の捏造《ねつぞう》なんて問題外です。自分の考えを書くのも結構です。しかし、それはあくまで社説や社論の範囲内にとどめるべきで、客観的な事実を報道記事として掲載していく、という基本線は貫き通してもらいたいと思います。

村上ファンド、ライブドア事件の功罪

二〇〇六年六月に日本テレビBSの「デイリープラネット 金曜発言中」という番

組に出演しました。

その時のテーマは「検証　村上ファンド」というものでした。

村上ファンド元代表の村上世彰氏が、ニッポン放送株のインサイダー取引事件で、証券取引法違反の罪に問われたことについての検証がテーマです。

仕事上、村上氏やファンドの人たちとはもちろんお会いしたこともあります。

村上氏の「怠慢な経営者は、市場から退場すべきだ」、「企業収益の向上が、税収を上げる」、「お金儲けの何が悪いのか」などという発言は、その一つ一つを取り上げると正論です。

しかし、ひとつ欠けていたとすれば、それは常識力かもしれません。焦らず、時間をかけて落とし所を探っていけば、最終的には彼は勝利者になれたような気がします。

ただ、ファンドとしては大きくなりすぎたことが、判断を誤らせたと思っています。

８００億円のファンドなら、ある程度のリターンを得るためのターゲットはたくさん見つかったでしょう。しかし、４０００億円の規模になると、自分からどんどん仕掛けを作らないと処理しきれなかったのだろうと思っています。

いずれにせよ、常識力をもって、慎重にひとつひとつの取引をやっていけば、投資ファンドが成功する余地はこれからでも十分あると思います。

それは証券取引法違反で逮捕されたライブドア元社長の堀江貴文氏も同様です。私には、彼らがいろいろなことを焦って成功させようとしていたように見えます。焦りすぎて、うまくいった例はほとんどないと言っていいでしょう。巨額の不正経理が明るみに出て、経営破綻に追い込まれた米エネルギー会社・エンロンもしかりです。

でも、彼らには自分を焦らせる何かがあったのかもしれません。

ところで、彼らの登場によって、上場企業の経営者が過度に防衛を意識しだしたことが市場の冷え込みにつながったという側面もあります。

未だに日本の新興市場は冷え切っていますから、彼らの影響はかなり強かったのだと改めて思います。

私はインタビューなどで「経営者として何が一番大事か」と聞かれたときには、コンプライアンスだと答えるようにしています。

要するに、すべての戦いはルールの上で行われる。株式投資で儲けるのも同じですから、もちろん違法行為であるインサイダーをやってはいけません。粉飾決算なんて問題外です。

だけど、儲かる、儲からないの分岐点は、ギリギリのところにあることも事実。だから、新しい肉よりも腐りかけの肉がおいしいように、不良債権が儲けのタネに化けたりするわけです。

ただ、タイミングややり方を間違えると、腐った肉になってしまう。そこを判断するのも常識力になってくるわけです。

堀江氏が場外で株式を買いあさり、「これはルール内の取引じゃないか」と言うのは、常識力の欠如です。法の趣旨は何かということが大事であって、「ルール違反はしていない」とウソぶくことは問題があります。

ルール（法）は社会で生きていくうえで、最低限守らなければならないことを、文章化しているだけにすぎないのです。

ルールが生まれてきた理由、背景、そして趣旨をきちんと理解することが大事だと思います。しかも、堀江氏は上場会社の社長なのですから、当然そういうことを言ってはいけません。

では、彼らの出現によって何がもたらされたのでしょうか。

それは市場原理主義の崩壊かも知れません。

彼らの出現後の司法判断は、迎合主義としかいいようのないものです。株式市場で、お金儲けを目指さない投資家なんて常識では考えられません。

ブルドックソースが米スティール・パートナーズによる買収提案を受けた問題では、裁判所は、株式を購入したファンドが「短期的利益を追求することは、良くない」と決めつけました。

しかし、それは司法が判断することではなく、当事者と市場が判断することであって、世論の方向に判決が左右されたとしか私には思えません。

世論は、自由な金融市場の中でその参加者により構成されるべきものであり、司法判断により生み出されるものではないのです。

堀江氏の事件だって、法制度の不備があったことも事実で、かばおうと思えば、法的にはかばうものがあります。

しかし、それは市場が裁けばいい話であって、それを司法が裁くのは間違いだ、と私は思っています。市場が好ましくない上場企業だと判断すれば、その企業は市場から退かなければならないのです。

今は司法が世論におもねり過ぎているように見えます。風の流れを見ていると言えるでしょう。法律家は政治家ではないのですから、ここは法律の趣旨に則った公平な判断をしてもらいたいと思います。

これは逆に言うと、こわいことです。

二〇〇八年の年明けから、羽田空港のターミナル管理会社の株式約二〇%をオーストラリアの投資グループが取得したことで、空港会社への外資規制の問題がクローズアップされました。その際に「もう外国人には買わせないようにしちゃえ」というようなことを言った政府高官がいましたが、これは時代錯誤もはなはだしい。なぜなら、日本の投資家は自由に外国の株式を買っているのですから（一部例外もありますが）。

安全保障という観点で外国の資本参入を規制するということですが、私に言わせれば、それなら日本でもっとも航空機や原子力、戦闘機などを製造している三菱重工業の株式については、どう考えればいいのでしょうか。

発行済み株式の三分の一以上、つまり三三・四%の株式を取得していれば、合併や重要資産の処分などの重要議案に対して、主要株主として拒否権を持つことができます。

ですから、もし三菱重工が国の安全保障上重要な会社であって、三三・四%を超えるような株の買占めは認めない、というのであれば、あらかじめルールを提示しておくべきであり、外国人が株式を買ったから急にルールを変更するというのは、常識力が欠けているといわざるをえません。

要するに、外資が株式の二割を取得してから慌てるのではなく、最初からこの会社は防衛上の問題があるので外国人は買ってはいけません、という決まりをつくればいいということです。

四年ほど前、ある大手企業の社長と一緒に、アメリカ、ヨーロッパの株主回りに出かけました。

その社長が、私にこんなことを言いました。

「外国人株主って本当にうるさくて、短期的で困りますね。何とか外国人株主を減らす方法はないものですか?」

実は、この会社はその何年か前に、日本だけでは株式売却が消化できないと考え、積極的に外国人に株式の売却をしたのです。つまり、外国人から株式の売却代金を調

海外で株主とのミーティングの様子

達したということです。

私は戸惑いましたが、こう答えました。

「社長、それは簡単です。あなたが会社の株式を全部買い取って、上場を廃止すればいいのです。そもそも、株式を買われたくなかったら、どうして売り出しなどしたのですか？」

今、われわれが認識すべきことは、日本は世界の中の一国であるという事実です。

例えば、世界がトランプのルールで動いているときに、日本だけが囲碁のルールを持ち出しても、相手にされないということを理解しなくてはなりません。

それは経済分野だけでなく、司法の世界や流通の世界でも同じです。

日本の内陸輸送費が世界一高く、空港使用料が世界一高く設定されるという事実は、最初からアジアのハブ（拠点となる空港）を放棄しているという論理構成をつくってしまった、ということを考えなくてはなりません。

全ての行動に独立採算制を持ち出すのは明らかに間違いだと思います。独立してやっていくべき会社やプロジェクトはもちろん基本です。しかし、国や地方自治体が経済的犠牲を払ってでも守らなくてはならないものも、たくさんあると思っています。

繰り返し誤解がないように言いますが、私は自由な株式市場への参入を認めるべきであると申し上げています。しかしながら、それは、決められたルールの中で行われるべきであることは言うまでもありません。

ですから、ライブドアが粉飾決算をしていたり、村上ファンドが明らかなインサイダー取引をしていたとすれば論外です。

政治家や官僚に求められる常識力

いま、常識力をもっとも失っている人たち、それは、政治家と官僚なのかもしれません。

政治家や官僚に常識力、つまりバランス感覚が欠如しているため、この国は保守化への道を突き進んでいます。

たとえば、新建築基準法、金融商品取引法、新貸金業法など、投資家保護や消費者保護の名目のもと大資本の会社しか生き残れなくなってしまいます。理由はこれまで述べてきた通りです。

資本主義の原点は、機会平等であって結果平等ではないはずです。

しっかりとしたセーフティネットを構築し、そのうえで競争をさせることが基本なのに、最初から小さい会社を排除するような立法は、国際的な投資家からますます日本への投資を減退させ、結果として株式市場の低迷を招いてしまいます。

国際的なバランス感覚と金融市場の自由化こそが、日本の株式市場を活性化させるもっとも有効な方法です。

日本の株式市場の六〇%以上の売買代金が外国のお金です。

このお金が雪崩をうって、国外に逃げていくことを想像するとぞっとします。まさか、日本は金融鎖国をするつもりなのでしょうか。政府の高官が、突然外国人投資家の株式取得の制限を発言したりすることなど、常識力の欠如としか言いようがありません。

誰しもそうだとは思いますが、同じ世界で長い間仕事をしていると、必ず何らかの癒着が起きてしまいます。

もちろん、政治の世界でもそうです。

例えば、日本だけでなく、ベトナムであっても中国であっても、政権の長いところというのは必ず業界や一部の人間との癒着が存在しています。要するに、政治が腐敗しているのです。

では、日本はどうすればいいのでしょうか？

この国が健全な社会になるためにも、例えば一つの案として、二大政党になることは重要なことだと思います。

つまり、自民党だけが政権に就くのではなくて、民主党も対立軸として政権について新しい政治をやる。そして、民主党がダメなのであればまた自民党がやる。そして、その結果を国民に判断してもらえばいいのです。

ただ、いくら政権が変わっても、ある意味では、巨大権力である官僚が同じところでずっと仕事をしていると腐敗が進みます。この仕組みを変えなければ何も変わりません。

そのためにはまず年功序列の人事制度をなくして、民間の会社と一緒の仕組みをつくる。総理大臣が社長であると考えて、自分の所属する省庁だけでなく、いろいろな省庁にいつでも勤務させるような仕組みをつくればいい。

つまり、省・庁に関係なく人事の改革を行うのです。

そうなると、官僚には緊張感が出ます。

もちろん、法律の問題があるため簡単にはできませんが、それができれば天下りは必要なくなります。なぜなら、そういう形にすると、官僚は自分の分野の権限を広げようとする意味がなくなるからです。

永遠に同じ職場にいることがわかっているから、権限を広げようとする。それがいまの制度で大きな無駄をつくっている要因だと、私は考えています。

二番目に、監督官庁の責任の所在が明確でないことも問題です。

これは社会保険庁の年金問題に限らず、薬害C型肝炎の問題も含めて、何か問題が起こったとしても役人は罰せられません。そこが欠陥だと思います。

ご存知の通り、日本では官公庁が許認可権を持っています。

この許認可権こそが役所と役人の権力の源になっています。許認可をする以上は、それなりの役所の責任と役人の責任があるべきです。何か問題が起こってしまったのなら、役人は自分がどのように関わって、どのように責任があるのかを明確にしないと、緊張感が生まれるはずがありません。

年金問題を例に挙げると、同様の問題が起こったとしても、保険会社のような民間企業なら対応策を講じることはできたのかもしれません。

民間にできることは、民間にやらせるべきです。

しかし、民間に任せる部分と官が担う仕事の線引きは非常に難しいと思います。

私は郵政の民営化というのは、財政の健全化という意味では正解だと思いますが、郵便局の民営化までやるべきだったのかどうかは、疑問です。

竹中平蔵・元郵政民営化担当大臣も小泉純一郎・元首相も「郵便局は減らさない」と言っていましたが、民営化すると、将来的に郵便局の数が減ることは目に見えています。

そうなると極端な話、近くに郵便局もないから、わざわざタクシーやバスを使って地方都市の銀行や郵便局まで行って、お金を下ろしに行かなければなりません。

実際、地方ではそのようなことがすでに起こっています。政治家や官僚は、都会の論理だけで物事を判断するべきではない。それは当然のことです。

そもそも、今の官僚に求められるのは常識です。これは常識力以前の問題です。

社会保険庁にかかわらず、根本的には、税金が国民の血税であるという意識が今の役所に欠け過ぎているように思います。あくまでも税金というのは国民からお預かりさせていただいているのであって、自分のお金ではありません。銀行の預金みたいなものです。

公《おおやけ》のお金だという意識がないとすれば、それが一番の問題なのです。

いま、少子高齢化を背景として消費税率の見直しが議論されつつあります。独立行政法人の見直しや予算消化の在り方、防衛費問題など、消費税率アップを語る前にもっとやることがあるはずです。

常識力があれば、何を国民が考えているか、もっと理解できると思います。

第6章

常識力で日本を変える

常識力で日本を変える

農業政策で日本は変わる

日本の食料自給率は一九六〇年には七八％であったにも関わらず、現在はその半分の三九％まで低下しています。とくに小麦や大豆、砂糖などはほとんどを輸入に頼っています。食料自給率が低いということは、どんな場合においても、海外からの輸入に頼らざるを得ないということです。

それでは安定的な食材を確保することが難しいばかりでなく、世界的な食料危機が起こったときに、日本は大変厳しい状況に直面することになります。したがって、早急に食料自給率を高める必要があります。

しかし、いま日本の多くの若者は農業をやろうと思いません。

なぜかと言えば、一般的に苦労して働くわりには農業ではお金にならないからです。農業に従事するよりは、都会の大学へ進学して、企業に就職すれば、より高額の収入が得られるからです。

もちろん、サラリーマンになったところで、それはそれで生活は大変なんですが、例えば、都会の企業で働いている息子が年収700万円だと聞くと、「田舎の若者に比べて、うちの息子はすごいぞ」と思うかもしれません。地方で生活をして年収700万円は確かにすごいけれども、東京などの都会に住んでいる人は生活費も高いので、700万円でもすぐに無くなってしまいます。

ですから、若者が農業に従事するためには、安定的な収入を確保することが必要です。それはつまり、農業者戸別所得補償制度をつくることです。

海外の先進国で食料自給率が高いところは、全部この制度によって農業振興をしています。

例えば、いま鹿児島にピーナッツがないという現象が起こっています。

かつては鹿児島にもピーナッツを生産している農家はたくさんいました。

しかし、一キログラム1000円くらいで売れていたものが、中国からの輸入品は600円くらいで売買されていく。農家は儲からないので、どんどん辞めていった。

そこへきて、最近の中国の毒入りギョーザなどの問題によって、中国産と書いてあるだけで売れなくなってしまいました。「しまった」と思って農家に買いに行くともう作っていない。そこで千葉県産などを購入しようとすると、輸送費もかかってしまうので1500円もしたりする。

私の知り合いで、技術に磨きをかけて十年越しで「ピーナッツ豆腐」というものをつくった人がいます。大豆ではなくて、ピーナッツから豆腐をつくる。これがおいしいと評判になっています。ですが、原材料のピーナッツは中国産です。

彼らは一枚一枚全部きれいにピーナッツの皮を剥いて洗って使うから、全く安心なのですが、原材料が中国産と表記してあるだけで売れなくなりました。しかも、千葉県産のピーナッツを買うとコストが高すぎる。

この現状を一体どうすればいいのでしょうか?

それを解決するためには、まずピーナッツをつくる農家が、コストがいくらで人件費がいくら、適正な利潤がいくらだということをきちっと計算する。

その上で、例えば一キロ1000円が適正な値段だとすると、仮に国際相場を含めて1000円を下回ったら、その部分は政府が払ってあげましょう、直接所得を保障しましょうと。ただし同時に、将来的には改善・改良で高付加価値品にしていって、保障制度がなくても戦えるような形になってくださいね、という技術革新の指導を行うことも必要だと思います。

最低保障という「基本的人権」の守られない単なる市場万能主義は、国民を疲弊させ、所得格差や地方間格差をいたずらに助長するだけです。

真の国民の幸福や利益とは何かという本質的な論議を交わし、解決策をつくっていく知恵は出せるはずです。それを導くのも常識力です。

働こうと思えるシステムづくりを

「ワーキング・プア」という言葉を耳にしたことのある人は多いと思います。

現在、日本の雇用者五千五百六十六万人中、パートやアルバイト、派遣社員などの非正規社員は約三分の一の千七百三十二万人います。そのうち年収が２００万円以下の「ワーキング・プア」と呼ばれる人たちは千二百九十八万人で非正規社員の約七割を占めています。

日本には、フリーターが百八十七万人、ニートは六十二万人います。

これまで私が何度か言ってきたように、働きたくても働けないような環境にある人たちが最低限の生活を営むことができるようなセーフティネットをつくることが、いまの日本に求められています。

しかし、一方で、日本には労働意欲をなくすようなシステムができあがっていることも事実です。

ワーキング・プアに代表されるように、生活保護よりも安い賃金で働かされている人が最近は増えてきました。働いても生活保護をもらったほうが高いお金をもらえるのであれば、生活保護をもらったほうがいいと考えるのは自然なことです。

だから、働いたら生活保護が受けられなくなるからといって、あえて働こうとしない人が増えているのです。

この制度はどう考えてもおかしいです。

例えば、生活保護より安い給料の人は生活保護との差額を補助してあげるようなシステムをつくらなくてはなりません。

要するに、労働意欲をなくすようなシステムではなく、一生懸命に働こうと思えるようなシステムをつくらなければならないと思います。

しかしながら、自ら望んでフリーターになっている人もいます。親と一緒に住んで、とりあえずの生活ができるから働こうとしない。最近は「パラサイト」などといいますが、これは直訳すると「寄生虫」です。

そういう人まで保護する必要はないはずです。

でも、地方では有効求人倍率が〇・六という街がたくさんあります。つまり、十人が就職を希望しているのに、六人しか雇用できない状況だということです。

地方に行けばいくほど求人の枠は狭いです。

例えば、求人の条件に書かれている「四十歳までの健康な男女」なんて、地方にいるととても少ないのが現実です。逆に、四十歳をすぎて働く意欲はあるのに、職場が見つからないという人はたくさんいます。私はそういう人たちのセーフティネットが必要だと思うのです。

先ほどのピーナッツ農家を守るのと、理屈は同じです。

外資系投資銀行という弱肉強食の世界で生きてきたからこそ、私にはその影の部分が目に付いてしまいます。多くの人が希望を持って働ける環境づくりをすることが、今は大切だと思います。

地方分権とは何か？

いまの政治や行政のあり方には、いろいろな歪みが出てきています。

それは戦後の高度成長期につくられた様々な制度が、時代の変遷とともに疲弊してきているからに他なりません。

人間でも五十年、六十年生きていると身体のいろいろな部分に無理や故障が出てくるように、制度もその国や公共団体の体力、人口構成など様々な要素の変化に伴って適切な変更が必要になってきます。

政《まつりごと》を司る人間には最も常識力が求められるといえるでしょう。

また、国家間の外交関係、経済政策など全ての分野において一人勝ちは許されません。お互いの主張と利害を理解し、その最大公約数を引き出す力が求められ、それを見極める力のある人間が、その責務に携わることが必要です。

つまり、常識力の高い人こそ、国家の中枢においてその真価を発揮できるのだと思います。これを見誤ると、国際紛争や不況などの悲劇につながってしまいます。

そういう意味では、この常識力こそ、全ての物事の考え方の根本をなすといっても過言ではないと考えています。

日本は、このままでは世界に取り残されてしまいます。

世界のお金が、日本に向かわなくなったとき、本当の不況が始まります。そして、その状況はもう目の前に来ているということです。この状況から脱却するためには、官僚主体の現在の政治の在り方を変え、新しい政治や行政の仕組みをつくらなくてはなりません。

そして、日本が変わらなくては、地方は豊かになりません。

小泉・元首相が首相になったとき、「三位一体」という改革の名のもとに、地方分権が議論され、道州制を含めた考え方が台頭してきました。補助金を減らし、交付金への変更や道路財源の一般財源化などが政府案として出されました。

この考え方は、理論的には正しいのかもしれません。

しかしながら、実行段階では全く機能しませんでした。実際、小泉・元首相が言っていることの半分もできませんでした。しかも、やったことの七割は痛みを伴っただけになってしまった。

痛みのしわ寄せは結果として、地方と中小企業に行ってしまいました。要するに、市場万能主義の弊害部分だけが出てしまった。ここが問題なのです。

政府は補助金を減らしたのではなく、補助率を減らし、国の権限を温存しました。道州制については、今やほとんど議論されず、道路特定財源の一般財源化は見送られています。

また、日本の一番の弊害は何かと考えると、私は東京に一極集中していることが問題だと思います。

アメリカを考えてみてください。

経済はニューヨーク、文化はロサンゼルス、政治はワシントン、学術はボストンと、それぞれの町が特長・特色を持っています。要するに、いろいろな役割を持った都市が分散されていて、いい形でバランスがとれている。しかも、彼らは皆「自分たちの街がアメリカの中心だ」という気持ちでいますから、地方にも活気があるのです。

では、日本における本当の地方分権とは何なのでしょうか。

私は、それは地方自治体の財政的な独立を意味するものだと思っています。

もちろん、都会の一部を除くとほとんどが赤字自治体ですから、国からの財政援助は必要です。しかし、それは中央官庁がその使い方まで細かく口を出すのではなく、自治体の自由な裁量に任せればいい。細かく分けすぎて問題があるのなら、せめて県単位で交付金による一般財源を拡大し、それを県と各市町村で相談して使い方を決めるというやり方です。

そうすれば、道路でも介護施設でも、子育て支援でも、自治体がその必要性に応じて、自由にお金が使える。これが地方分権の本質なのではないかと思います。

もちろん、その県や自治体の首長や役所の人たちに常識力が求められるのは、言うまでもありません。

政府のお金の使い方

ここ数年の政治が、地方や所得に大きな格差をもたらしてきたことに異論はないでしょう。したがって、ここで大きな政治の変革が必要だと思います。

変革の第一歩が、政府のお金の使い方です。

政府が使っているお金は本当に有効に使われているのでしょうか。

独立行政法人の問題やハコモノ行政の問題など、「こんなところになぜ大金を使うのか？」と疑問を感じずにはいられません。地方のいろいろな都市を回ると、全く使われていない巨大な市民会館やホール、やたら豪華な県庁舎などの公共施設がたくさん見られます。

私たちからみると、自治体にとっては「この施設が必要」なのではなくて、「施設をつくることが必要だったのだ」と思わざるを得ません。これは魂を入れない人形をつくるようなもので、魂をどうやって入れるかにお金を使うべきです。

今まで為政者が採算はとれると言っておきながら、採算に乗ったケースはほとんどありません。橋をつくって、その採算をとるために通行料を４０００円取るなんて言っていたら、トラック業者も個人も誰もその橋は通りません。

例えば、二〇〇四年に九州新幹線が、鹿児島中央駅〜新八代駅間で部分開通しました。これが今後、博多駅までの全線が開通すると、鹿児島から博多までの所要時間が大幅に短縮されます。

鹿児島と博多を結べば、大きなビジネスチャンスも生まれますし、人的交流も進むことは間違いありません。

多くの人はよく「これで多くの人が鹿児島に来ますよ、産業が発達しますよ」と言いますが、鹿児島に人々を呼び込む理由、つまりコンテンツを充実させないと、逆に今まで鹿児島で買い物をしていた人が博多まで行ってしまうと思います。

人が便利なことを求めて移動していくのは、当然のことです。

最近、ある小さな街の人からこんな話を聞きました。

昔は道路が整備されておらず、仕事でやってきた人は今日は帰れないからといって、民宿や食堂、飲み屋ができ、繁盛していました。

しかし、立派な道路ができてからは、仕事にきた人が皆、日帰りで帰るようになり、それらの商店はバタバタと閉店していきました。

結局、そういうことだと思うんです。

しかも、道路というのは山を開いてつくります。

林業の専門家に言わせると、「この山のこの木は切ってはいけない。この木の根っこを切ってしまうと土砂崩れが起こる」ということが分かるのに、役所の担当者は効率だけを考えて道路の建設計画をつくってしまう。

ですから道路をつくった後にも、土砂災害などの様々な問題が起こってしまうといったケースが後を絶たないのです。

最近分かったことですが、独立行政法人の随意契約率は九割を超えています。法人によっては九九％を超えているところもあります。

随意契約とは、競争入札をしないで契約をすることです。つまり、工事費や何やで巨額の費用（税金）をかける必要があるときに、例えば、ある部長が「あの業者を使え」と言ったら、それで通ってしまうのです。

その業者は誰かと言ったら、自分たちの天下り先の先輩なんです。

その業者の見積もりが高めに設定されていてもお構いなし。これは誰が考えても、おかしいですよね。

消費税などの増税論議は、その辺の襟を正してからでも遅くは無いと思うのですが、皆さんはどう考えますか。

会社はお客様があって初めて成り立ちます。行政や政治も同じです。お客様である有権者の理解があって、その声を反映して初めて成り立つものだと思います。

そういった意識を為政者には持ってほしいと思います。

給料は手取りで考えるな

いま、国土交通省が十年間で59兆円の道路整備費を投じる計画を出しています。59兆円って、どんな金額か分かりますか？

一億二千万人いる日本人がそれを税金で負担するということは、単純に割り算すると一人50万円です。四人家族なら２００万円の負担です。

つまり、皆さんは今、自分のお金２００万円を投じて道路をつくりたいと思いますか？　そういうことなのです。

それでも道路が必要だという人もいるでしょうが、せっかく２００万円も払うのなら、病院をつくったり、介護施設をつくったほうが、道路をつくるよりも、よっぽど意味のあることだと思いませんか。

いま、地方は高齢化が加速し、深刻な医師不足に悩んでいます。その解決のために仮に４０００億円かけてトンネルを掘るのなら、10億円で小さな救急病院をいくつか設立したほうがいいでしょう。十個の病院をつくっても100億円です。

国土交通省や総務省が算出した、二〇〇六年二月時点の都道府県別の一世帯あたり自動車保有台数は、東京が〇・五五、私の地元の鹿児島は一・一三、一番多い福井は一・七九です。

東京は一人二台も三台も車を所有しているお金持ちがいる一方で、全く乗らない人もいますから、実質の保有台数は〇・三くらいだと言われます。ところが、鹿児島の中でも大隅半島や離島のように、鉄道や電車網のないところでは実質二・五台と言われています。

地方は車がないと生活できませんから、車の所有比率も高いし、仮に父親が車に乗って会社に出勤してしまったら、母親が動けなくなるから二台目、子供が自由に動くには三台目が必要になります。ですから、地方に行けばいくほど経費のかからない軽自動車が多いのです。

要するに、人口比にもよりますが、考えようによっては、鹿児島の人たちは東京の人たちの八倍近い税金を払っているということなのです。都会の道路をつくるために一生懸命税金を払っているという言い方もできます。

これは誰が考えてもおかしいのではないでしょうか。

では、国民はなぜもっと声を大にして怒らないのか？

それは税金に対する意識に原因があると思います。

例えば、会社に勤める皆さんの給料は月に30万円だとすると、税金が引かれて26万円くらいの手取りになりますね。これをはじめから、自分の給料は26万円なんだと思っていやしないか、ということなんです。

この場合、給料は30万円です。自分の手元にくるより先に、会社が4万円分の税金を払っているだけです。

だから、源泉徴収制度を止めて、自分で申告するという形にすれば、もっと税金の使い方に対する国民の目は厳しくなると思います。

月30万円もらっているのなら、年間360万円の収入があるのに、48万円もの税金が引かれているのです。これを自分で払いにいくようになったら、「なぜこんなに税金を払わなければならないんだ？」と、疑問に思うことでしょう。

そうすれば、自分が払っている税金がどのように使われているのか、に興味が出てくると思うのです。

プロ野球選手（プロ野球選手は個人事業主ですから、個人で申告をしなければなりません）や大企業の社長など、お金持ちになればなるほど、税金の使い方には口うるさくなるものです。年間何千万円も納める（多くの人の感覚では〝とられていく〟）のですから、当然といえば当然ですけどね。

一般の人にその感覚が薄いのは、自分で確定申告をしないからではないでしょうか。

繰り返しですが、給料と手取りは違います。

源泉徴収制度を止め、全員を確定申告制にして、もっと税金のあり方というものを個人個人が考え直してみる必要があると思います。

日本の強みを活かして

日本はいま、戦後最長の「いざなぎ景気」を超える好況の中にあります。しかし、多くの国民がその好況感を実感できていません。

では、なぜ、国民はその好況感を感じることができないのでしょうか。

それは業界内の競争激化で下請け企業に大きな負担がかかっていることや、原油などの資源高や食料品の高騰などの影響で利益を得づらくなっていること、所得の改善がなされていないために個人消費が伸びないことなどが考えられます。

業績が好調といわれる企業は、その多くが海外に生産拠点を構えた製造業で、今後の伸びが期待できる海外のマーケットで勝負できる大資本の企業ばかりです。しかし、そういう資本力のある企業はほんの一部です。

日本企業は約五百万社あると言われ、その九九％は中小企業です。

しかも、マーケットをこれまでの市場の外に求めないと大きな発展が望めないということは分かっているのに、多くの企業が資金の問題や言葉の問題で、日本以外にはなかなか進出できません。ここに日本が陥っているジレンマがあります。

逆にいえば、中小企業でも各都道府県の外や海外に販路を見いだしている企業は強いわけです。

そこで面白くも難しいのが、インターネットの存在です。

ネットは日本だけでなく、全世界まで情報を発信するツールであり、チャンスを拡大することにもつながります。

しかし一方で、これが解決できない問題は日本が無資源国であるという事実です。ある意味では、これだけの人口がいろいろなファンクションを分け合って今までできたのです。要するに、生産者がいて、問屋がいて、第二問屋がいて、小売業があって、消費者がいる。皆が分け合ってきました。

しかし、ネットというのはdisintermediation、つまり脱中間業者なので、それまでの仕組みをプッツリ切ってしまいます。

ですから、消費者は値段が安い方に流れてしまって、真ん中にいる問屋の役割がなくなるのです。この人たちが何か別にやれるものがないと、必ず失業者やフリーターが増えます。

つまり、効率性を求めると、必ず効率性の裏に犠牲者が出ます。これは仕方の無いことですが、ここはセーフティネットで保護してやる必要があると思うのです。

製造業だって、要は効率性を求めて派遣や請負を雇ったり、工場を人件費の安い中国や東南アジアにつくったりするのです。

これはアメリカもそうでしたし、日本も辿ってきた道で、高度成長をして人件費が上昇していくのは当然のことです。

そうなってくると、日本はどんな道を歩めばいいのでしょうか。

日本がやれることは二つです。

それはクォリティと生産性の向上しかありません。

やっぱり、「いくら安いといっても、米はコシヒカリしか食べないよ」とか「食べるなら、やはり黒豚だろう」と言う人は多いでしょう。

クォリティの高さは日本の大きな強みといってもいいです。

そういった質を更に向上させ、発揮することができるような仕組みづくりが今は大切だと思います。

今、日本に最も必要なこと

皆さんは何人兄弟ですか。何人のお子さんがいますか。

大抵は一人から三人でしょう。

しかし、私の祖母は何と十三人の兄弟姉妹がいました。ですから、祖母の親せきは多すぎて、誰が誰だか分からないほどです。

でも、いまの日本をつくりあげたのは、この人たちなのです。

日本がかつての高度成長期のような活力を取り戻すには、結論からいうと、子供を増やすこと以外に答えはありません。

日本の高度成長は、先の大戦の影響もあり、健全な人口ヒエラルキーの中で生まれました。新聞では、これから五人が一人の老人を支えるとか、何年後には三人で一人を支えるなどといった厚生労働省が発表した資料をもとに、国民の危機感をあおる記事がよく出ています。

この状況を解決する方法があるのかというと、もちろん、一つしかありません。

それは、私たちの子供や孫が安心して五人の子供を産み、育てることができる環境をつくることです。

子は国の宝と言われます。私はまさにその通りだと思います。

動物は子孫を残し、繁栄させるために生きるという自然の条理を、もう一度考え直す時期にきているのではないでしょうか。そうしなければ、この国の未来がないことは明らかです。

様々な政策や行政は、この目的を達成するために全ての努力をするべきなのです。

出生率が低下し続け、子供の数が少なくなることは何年も前から分かっていたことです。それなのに、その抜本的対策を行ってこなかったことは、この国の為政者の重大な責任です。

では、五人の子供を持つためには何が必要かと言うと、経済的な安心感です。フランスでは、三人の子供がいると、母親は働くことなく、その子供たちの面倒をみるだけで生活ができると言われています。

事実、ここ数年でフランスの少子化率はボトムを打ち、急激に上昇しています。結果として、父親のいない子供が五〇%を上回ってしまったというオマケも付きましたが、これは道徳観の違いからくるものですから、日本では起こらないでしょう。

経済的安定をつくるための全ての根本は、年金と医療です。

経済は生き物であるとよく言われます。

お金が動く、つまり、人々が消費をすれば経済は活性化されます。経済が活性化されれば、税収が増加し、財政的に豊かになります。そうなれば、公共投資を増やすこともできるし、公共料金を値上げせずに済みますから、ますます経済状況は好転します。これは理想的な循環です。

では、人々はなぜ今、消費活動に走らないのでしょうか。

それは自分の将来の年金や病気をしたときの費用などに不安があるからです。安心して歳をとれる、病気になっても保険によって守られるということになれば、いわゆるタンス預金が街に出てきます。消費が促進されます。

ですから、国の政策で大事になってくるのが、年金と医療なのです。

少々ガタはきていますが、日本の国民皆保険制度は世界に類を見ない素晴らしい制度なのに、その運用方法については、いろいろな問題が生じています。

高齢者への負担を増やしたり、身体の不自由な人の負担を増やしたりする政治が、よい政治と言われるはずがありません。

働けるのに働かない人に失業保険や生活保護を渡すなんて無駄なことはやめ、本当に働けない人々への配慮をするべきです。

最後に

最近、こんなことがありました。

ある街の人たちが、自分たちのお金で買った桜を街に植えて、桜並木をつくろうというのです。行政の力に頼らず、自分たちで考え、自分たちのお金で、自分たちの街を明るくする、きれいにするというわけです。

行政からの補助金に頼らずに自分たちでやろうという考え方に、私も共鳴し、一緒に桜の植樹をさせてもらいました。

考えてみてください。

大学を卒業しても親が仕送りを送っていたら、子供はいつまでたっても自立しませんね。子供が大学を卒業するまでは仕送りをします。でも、卒業すれば仕送りがなくなるので、そのときは自分で稼ぐ方法を考えろというから、人間は自立していくのです。

これも同じ論理だと思うのです。

激しい競争が繰り広げられる世界の中で、日本が自立した国を目指すには、そこに住む全ての人々が自立しなければなりません。

これからの国のあり方、行政のあり方、税金の使い方など、今はわれわれ日本人が自ら見直し、新しい国づくりを考えなくてはいけない時期です。今ならまだ間に合います。われわれの子供たちが安心して五人の子供を産める国をつくることは可能です。

三十年ぶりに故郷・鹿児島に帰ってきました。ここで感じたことはたくさんありますが、この地方の美しさを再発見できたことが、一番嬉しいことです。

地方は収入が少なく、何となく都会に比べて不幸な人たちが多いようによく言われます。しかし、私が帰ってきて分かったことは、都会にはない宝物がここには多数あるということです。

例えば、新鮮な食べ物、自然の景色、気候、渋滞の無い道路、人々の温かさ、などなど。自分がこれまで忘れていたものをいくつも思い出しました。

もちろん、その逆で、地方特有の職住隣接から起こる様々な問題点もあります。昔からの伝統を守ることの重要性と、悪習を打ち破る勇気を持ち合わせることこそ、今のわれわれに求められていることです。

この本の中で、私の中のいろいろな考え方をお話ししましたが、読者の皆さんにとって、「たくましく、しなやかに生きるための知恵」になったでしょうか。

「常識力」という考え方を一人でも多くの人に理解していただき、自分の経験の中でその力を磨き、身に付けることが、人間関係や経営、政治など、全ての分野の解決策を見つけ出す最善で、最短の方法であると、私は信じています。

しかし、常識力を体得するには、もう一つの大きな力が必要になります。それは「忍耐力」です。

常識力というのは、一朝一夕に身に付くものではありません。しかし、忍耐を持って、常にみんながwin-winになるような解決策を考える訓練をすれば、常識力は必ず身につきます。そのときには、人間関係や仕事などが、これまで以上にうまく運ぶものと信じています。

皆さんの心の中に、この本の内容が少しでも残ってくれれば、私の目的は達成されたと思っています。

最後に、この本の作成にご協力いただいた『財界』の村田博文主幹、わざわざ鹿児島まで足を運んでくださった編集部の松村聡一郎さんに、心から感謝致します。

網屋信介

二〇〇八年六月

網屋 信介（あみや・しんすけ）

あみや・しんすけ
1957年10月鹿児島県生まれ。鹿児島県立鹿屋高校を経て、81年一橋大学法学部卒業。山一證券、米国モルガン・スタンレー投資銀行（現モルガン・スタンレー証券）などを経て、94年メリルリンチ証券入社。取締役投資銀行本部長、副会長兼投資銀行本部長などを歴任。2006年東証一部上場のＮＩＳグループの社長をつとめ、07年末退任。現在、民主党鹿児島県第５区総支部代表をつとめる。投資銀行時代は、大手都銀や製薬会社の合併、ノンバンクや小売業の再生アドバイスなどM＆Ａ関連の分野で活躍。また、日本テレビ「真相報道バンキシャ！」ご意見番の他、テレビ東京「モーニングサテライト」、ブルームバーグＴＶ、ＢＳ日テレなどにも出演。

常識力

2008年６月５日　第１版第１刷発行

著者　網屋 信介

発行者　村田博文
発行所　株式会社財界研究所
［住所］〒100-0014東京都千代田区永田町2-14-3赤坂東急ビル11階
［電話］03-3581-6771
［ファクス］03-3581-6777
【関西支社】
［住所］〒530-0047大阪府大阪市北区西天満4-4-12近藤ビル
［電話］06-6364-5930
［ファクス］06-6364-2357
［郵便振替］0018-3-171789
［URL］http://www.zaikai.jp/

装幀・本文デザイン　Klüg
印刷・製本　凸版印刷株式会社

ISBN 4-87932-059-9